엄마와 함께하는 역사 탐방

가자! 보물섬으로

(강화도)

권 효 순

창지사

여는 글

여러분, 가장 거대한 박물관을 알고 있나요?

그곳은 바로 강화도예요.

프랑스 루브르 박물관은 유물이 매우 많아서 하루 안에 박물관을 다 돌아보지 못한다고 하지요. 강화도도 그에 못지않게 선사 시대부터 근·현대에 이르기까지 많은 유물과 유적으로 섬 전체가 박물관이라 해도 지나치지 않아요. '지붕 없는 박물관' 강화도(江華島), 그래서 강화도를 보물섬이라고 부르지요.

한강, 임진강, 예성강의 하구로 서해를 통해 중국과 연결되는 강화도는 예나 지금이나 중요한 교통의 요지이고 무역과 해양 활동의 중심지였으며 나라가 위급한 상황에 피난처로서의 역할까지 해 낸 곳으로 우리 역사의 축소판이라 할 수 있어요.

한국사가 지루하고 외우기 힘들다고 하는 친구들이 있는데, 강화도 역사를 알면 한국사가 쉬워진답니다.

중국의 동북공정(東北工程)과 일본의 독도 영유권(獨島領有

權) 주장으로 우리 역사에 대한 주체적 인식이 강조되는 시점에서 우리 역사를 바로 알고 세상을 바라보는 밝은 눈을 갖길 바랍니다. 역사를 바로 알아야 현재를 알 수 있고, 그래야 우리의 미래가 발전할 수 있는 것이지요.

우리는 치열했던 역사가 살아 숨 쉬는 강화도에서 미래를 볼 수 있는 지혜를 얻을 수 있을 거예요.

우리의 역사는 끊임없이 발전했고 지금도 발전하고 있어요. 39년간 고려의 수도였던 강화도에서 역사 여행을 하며 강화도의 보물을 마음에 담아 오세요.

이 책을 내주신 창지사와 편집장님께 감사드리고, 강화도의 아름다운 사진을 제공해 준 강화군청에도 감사드립니다. 또 책을 잘 살펴봐 주신 이응식 전 강화군청 기획감사실장님, 강화도의 많은 자료를 건네주신 오필성 강화군의원님, 내용 감수를 해 주신 이경수 선생님과 강화 문학관의 양태부 선생님께 고마움을 전합니다.
아 참, 역사논술을 같이 공부했던 친구들도
고마워요~!

2018년 4월 초지진을 바라보며

저자 동화엄마 권 효 순

추천사

'2018년 올해의 관광도시, 강화'로 선정되어 감성으로 살아 숨 쉬는 역사와 문화의 도시 강화도 방문이 더욱 기대되는 이 시점에서, 강화도의 문화 유적을 탐방하며 어린이들이 우리의 역사를 바로 알 수 있도록 한 〈엄마와 함께하는 역사 탐방, 가자! 보물섬으로-강화도〉를 출간하게 됨을 기쁘게 생각합니다.

"역사를 잊은 민족에게 미래는 없다."라고 한 단재 신채호 선생의 말처럼 과거가 없다면 현재도 미래도 없다고 할 수 있습니다.

나라의 역사를 바로 안다는 것은 그 민족의 뿌리를 찾는 일이며, 과거를 통해 미래를 준비하는 일이고 우리에게 민족에 대한 자긍심을 심어 주는 일이 될 것입니다.

강화도는 수많은 문화유산을 간직한 역사의 고장입니다. 우리나라의 대표적인 선사 시대

문화유산이자 유네스코 세계문화유산인 고인돌을 비롯하여 고려 시대 대몽항쟁의 강화도 유적, 조선 시대 국가의 중요한 방어 시설인 진, 보, 돈대 등 우리 역사의 소중한 자취가 남아 있는 곳으로 호국항쟁의 정신과 평화의 소중함을 알려 주고 있습니다.

역사는 현대인에게 거울이 되고 끊임없이 나아갈 길을 알려 줍니다.

강화도의 문화 유적을 탐방하며 충과 효를 익히고, 바른 인성을 갖춘 건강한 미래의 주역으로 성장시켜 주는 좋은 역사책이 될 것이라고 확신하며 학부모 및 학생들에게 적극 추천하는 바입니다.

2018년 4월 고려산 진달래꽃이 흐드러지게 피던 날

강화군수 이상복

프롤로그

이번 방학에는 강화도로 역사 여행을 떠나 볼까?

‘강화도’ 이야기는 우리 역사의 시작이라고 할 수 있어. 단군이 하늘에 제사를 지내던 고조선 시대부터 한강 유역을 서로 차지하려고 전투를 했던 삼국 시대, 외세의 침략에 대항하던 고려 시대, 개항의 문턱에서 힘들었던 조선 시대에 이르기까지 우리 선조들의 치열했던 삶의 이야기들이 강화도에 모두 담겨 있거든. 마침 ‘2018년 올해의 관광도시, 강화’로 선정되었다고 하니 더욱 의미가 있겠지.

우리나라 지도를 잘 살펴보면 서해안과 남해안에 많은 섬이 있지. 그 많은 섬 중 강화도는 우리나라에서 몇 번째로 큰 섬일까? 제주도가 제일 큰 섬이고, 그다음이 거제도, 그다음은 진도, 그다음이 강화도로 우리나라에서 네 번째로 큰 섬이야.

강화도는 강화 본도를 포함해 교동도, 석모도, 볼음도, 주문도 등 사람이 살고 있는 섬과 그 외 사람이 살고 있지 않은 섬으로 이루어져 있어.

한강과 임진강, 예성강이 합쳐져 바다로 흘러가는 입구에 자리 잡은 강화도. 그래서 강화 바다를 '염하(鹽河)'라고도 부른단다. 여기서 염(鹽)은 소금, 즉 바다를 뜻하고 하(河)는 강을 뜻하지. 바다지만 마치 강(江)과 같다 하여 '염하'라고 부르는 거야.

강화의 옛 이름은 '갑비고차', '혈구'라고 하였고, 지금의 '강화'라는 이름은 고려 태조(서기 940년)에 이르러 강화현으로 개칭되고, 고려 고종(서기 1232년) 때 강화군으로 승격되어 지금에 이르고 있지.

강 아래 아름다운 고을이라서 강하(江下)에서 강화(江華)로 이름이 붙여졌다는 얘기도 있어. 이렇게 아름다운 강화도는 우리 역사의 아픔을 간직한 섬이기도 하지.

강화도는 한강 하류에 있어서 서해를 통해 한반도로 들어오는 적들을 막아 내기 아주 좋은 위치였기 때문에 백제에서 고구려, 고구려에서 백제, 백제에서 신라가 서로 빼앗고

싫어 하는 땅이었어.

고려 시대에는 몽골의 침입에 쫓겨 개경에서 강화도로 천도하여 39년 동안 고려의 수도가 되기도 했으며, 조선 시대에는 인조가 후금의 군사를 피해 강화도에 머문 적도 있단다.

조선 후기에는 프랑스와 미국의 군함이 강화도 앞바다까지 쳐들어와 조선 군사와 백성들이 맞서 싸웠으며, 1876년에는 일본 군함이 강화도에 침입하여 연무당에서 강제로 불평등 조약인 '강화도 조약'을 맺게 되는 등 잊지 못할 아픔의 역사가 전개되기도 했지.

자, 이제 강화도로 본격적인 역사 여행을 떠나 볼까?

강화도는 보물섬이란다. 커다란 주머니 하나씩 준비해야 하냐고?

아니, 아니지. 그냥 눈으로 마음으로 담아 오면 돼.

동화엄마 권 효 순

차 례

차 례

시작하기 전에

참고로 강화도의 문화재 중 보물로 지정된 문화재를 알고 여행을 떠나면 더 좋겠구나!

전등사 대웅전

장정리 오층석탑

보물

1. 강화 장정리 오층석탑 (10호)
2. 강화 동종 (11-8호)
3. 강화 정수사 법당 (161호)
4. 강화 전등사 대웅전 (178호)
5. 강화 전등사 약사전 (179호)
6. 강화 전등사 범종 (393호)
7. 강화 장정리 석조여래입상 (615호)
8. 강화 백련사 철조아미타여래좌상 (994호)
9. 강화 청련사 목조아미타여래좌상 (1787호)
10. 강화 전등사 목조석가여래삼불좌상 (1785호)
11. 강화 전등사 목조지장보살삼존상 및 시왕상 일괄 (1786호)
12. 묘법연화경 목판 (1908호)

사적

1. 강화 삼랑성 (130호)
2. 강화산성 (132호)
3. 강화 고려궁지 (133호)
4. 강화 참성단 (136호)
5. 강화 부근리 지석묘(고인돌) (137호)
6. 강화 홍릉 (224호)
7. 강화 초지진 (225호)
8. 강화 덕진진 (226호)
9. 강화 광성보 (227호)
10. 강화 선원사지 (259호)
11. 강화 갑곶돈대 (306호)
12. 강화 석릉 (369호)
13. 강화 가릉 (370호)
14. 강화 곤릉 (371호)
15. 대한성공회 강화성당 (424호)
16. 강화 외성 (452호)

강화산성

부근리 지석묘

참성단

이 외에도 강화도에는 강화 갯벌 및 저어새 번식지와 탱자나무, 은행나무 등 천연기념물이 많이 있고, 유형·무형 문화재가 아주 많단다.

선사 시대의 생활 모습

사회 교과서 5-2 10~11쪽

선사 시대 인류의 발달

지구가 생겨난 것은 46억 년 전쯤이야. 인류는 그로부터 아주 오랜 세월이 흐른 뒤에 나타났지.

인간은 지구에 가장 늦게 나타난 생명체지만 도구를 만들어 사용하며 다른 동물들과 다르게 살아갔어. 맹수처럼 강한 이빨과 발톱이 있는 것도 아니고, 다리는 있었지만 빨리 달릴 수 있는 튼튼한 다리도 아니었지.

하지만 인간은 도구를 사용하는 지혜로움과 불을 피우고 다룰 수 있어서 거대한 자연을 지배할 수 있는 능력을 갖추게 된 거야.

불을 피워 맹수의 공격으로부터 자신을 보호하고 추위를 이겼으며, 어둠을 밝히기도 하고 음식을 익혀 먹기도 했지.

인류의 역사는 지구에 사람이 살기 시작한 때부터 시작되는 거야. 그렇다면 사람은 맨 처음에 어디서 어떻게 나타났을까?

1924년 인류의 조상을 찾으려는 레이먼드 다트(Raymond Dart)라는 학자가 남아프리카에서 처음으로 오스트랄로피테쿠스(남쪽의 원숭이)의 화석을 찾아냈어. 얼굴은 원숭이처럼 생겼지만 뇌는 침팬지보다 약간 컸고, 구부정한 모습이었지만 두 발로 서서 걸었어. 오스트랄로피테쿠스는 약 500만 년 전에 살았던 최초의 인류라고 할 수 있지.

160만 년 전 오스트랄로피테쿠스에 이어 호모 에렉투스(곧게 선 사람)가 나타났어. 호모 에렉투스는 오스트랄로피테쿠스보다 키가 크고 도구를 사용했으며 두 발로 서서 걷는 것이 완전해졌지.

오늘날과 같은 인류가 나타난 것은 지금으로부터 약 4만 년 전쯤 '매우 슬기로운 사람'이라는 뜻을 가진 호모 사피엔스 사피엔스(슬기슬기 사람)야. 이때부터 사람은 작은 무리를 이루어 살기 시작하고, 자신의 생각을 몸짓과 소리로 나타내었지. 나중에는 말을 하면서 두뇌가 더욱 발달하게 되었어.

우리 민족의 터전인 한반도에 처음 사람이 살기 시작한 것은 구석기 시대로 약 70만 년 전부터라는구나.

빙하기에는 중국과 우리나라, 일본 열도가 모두 연결되어 있었어. 그런데 구석기 시대 후기에 이르러 빙하기가 완전히 끝나면서 얼음이 녹아 바닷물이 100m 이상 높아지고 이때 황해와 대한해협이 지금처럼 만들어진 거야.

이때부터 지금과 비슷한 기후가 되었고 우리나라는 삼면이 바다로 둘러싸이게 되었어. 그리고 기후도 지금처럼 사계절로 뚜렷해진 거지.

사실 요즘은 지구 온난화로 극지방의 얼음도 녹아 가고 북극곰도 살기 어렵다는데, 이러다가 세계지도가 변할지도 몰라.

석기 시대의 생활 모습

사회 교과서 5-2 10~17쪽

강화도 역사박물관

인간이 동물과 다른 점 가운데 하나가 바로 도구를 사용한다는 거였어. 맨 처음의 인간인 오스트랄로피테쿠스는 아주 약한 존재였지만 작은 돌조각을 이용해 동물의 가죽을 벗기고 고기를 자르는 등 최초로 도구를 사용한 인류였어.

돌로 만든 도구는 점점 발달하게 되고 구석기, 신석기 시대를 거쳐 진화하며 더욱 향상된 삶을 살 수 있게 했지.

그러면 강화도에는 언제부터 사람이 살기 시작했을까? 또 어떻게 살았는지 하점면 부근리에 있는 '강화도 역사박물관' 문을 열어 보자. 강화도 역사박물관만 자세히 살펴봐도 우리 선조들의 삶을 알 수 있으며 강화도의 역사를 한눈에 볼 수 있단다.

우선 강화도 하점면 장정리에서 구석기 유물인 쌍날찍개가 발견되었는데, 이것은 약 2만 년 전 유물이라고 해. 그렇다면 강화도에서 사람이 살기 시작한 것은 약 2만 년경으로 추정할 수 있겠구나.

구석기 시대 사람들은 돌을 깨뜨리고 떼어 내서 만든 뗀석기를 사용했지. 또 수렵이나 채집 생활을 했던 구석기 사람들은 먹을 것을 찾아 이동을 해야 하기 때문에 동굴이나 바위 그늘에 터전을 잡고 살았어. 조금 살다 다시 먹이를 찾아 이동을 해야 하니 집을 잘 지을 필요가 없었겠지. 집은 가지고 이동할 수 있는 것이 아니니까.

이후 이들의 생활이 점점 발달하면서 돌을 갈아서 정교한 도구를 만드는 간석기를 사용하기 시작했고 이때부터 조, 수수 등 농사를 짓기 시작했어. 그리고 수확한 농작물을 보관하고 음식을 조리하기 위해 진흙을 구워 토기를 만들었으며, 들판의 동물을 잡아 집에서 기르기도 했단다.

이렇게 살다 보니 더 이상 이동할 필요가 없게 되어 사람들은 움집을 짓고 친척끼리 모여 살면서 씨족공동체를 이루게 되었지. 서서히 생활의 모습이 달라지기 시작한 거야. 이러한 생활을 하기 시작한 시대를 신석기 시대라고 한단다.

강화도에는 신석기 시대의 유물이 많아.

화도면 사기리, 하점면 부근리, 초지진 등에서 돌도끼, 돌화살촉 등이 발견되었고, 신석기 시대의 대표적인 유물인 빗살무늬 토기가 강화도 하점면 삼거리, 화도면 동막리, 양도면 도장리 등지에서 발견되었지.

여기 전시된 빗살무늬 토기를 보니 그 시대의 살아가는 모습이 보이는 것 같지 않니?

강이나 바닷가에서 모여 살던 사람들은 토기를 땅에 꽂아서 쓸 수 있도록 밑을 뾰족하게 만들고 토기의 겉면에 여러 가지 무늬를 새겨 넣었지.

또 한 마을을 이루어 사는 씨족공동체 전체가 함께 농사는 물론 고기잡이와 사냥을 했지. 그리고 자기 몫을 챙기는 일 없이 똑같이 나누어 먹었어. 부족했지만 비교적 평등한 사회였다고 할 수 있지.

강화도에서 신석기 유물이 계속 출토되고 있다는 것은 일찍부터 강화도가 사람들이 생활하기 좋은 곳임을 알 수 있는 증거라고 믿어 의심치 않는데 네 생각은 어때?

그럼 신석기 유물인 빗살무늬 토기와 청동기 시대의 유물인 민무늬 토기가 발견된 동막해변으로 가 보자!

청동기 시대

사회 교과서 5-2
18~29쪽
최초의 국가 고조선

세계문화유산 강화도 고인돌

'세계유산'이라는 말 들어 봤지?

유네스코(UNESCO, 국제연합교육과학문화기구)는 인류를 위해 꼭 보호해야 할 가치 있는 유산을 세계유산으로 지정하고 있는데, 세계유산은 특성에 따라 문화유산, 자연유산, 복합유산으로 나누어지지.

그렇다면 우리나라의 많은 문화재 중 세계문화유산에 등재된 것은 어떤 것이 있을까?

조선 시대의 궁궐인 창덕궁, 조선 후기 성벽인 수원화성, 신라 석굴암과 불국사, 고려 시대 해인사 팔만대장경과 팔만대장경 경판전, 조선 시대 역대 왕과 왕비의 신주를 모신 왕가의 사당인 종묘, 신라 시대 경주역사 유적지구, 전남 화순·전북 고창·강화도의 고인돌 유적, 조선 시대 왕릉 40기, 안동 하회마을과 경주 양동마을 등이 지정되어 있지. 이 밖에도 제주의 화산섬과 용암동굴은 세계자연유산으로 등재되어 있단다.

그럼 먼저 강화도에 있는 세계문화유산인 고인돌을 살펴볼까?

고인돌 유적은 한국 청동기 시대의 대표적인 무덤 양식으로, 선사 시대의 문화상을 파악할 수 있다는 점에서 선사 시대 연구의 중요한 자료가 되는 보존 가치가 높은 유적이야.

다른 나라에도 고인돌이 있을까?

물론 있어. 유럽과 동남아시아, 중국, 일본 등에서도 고인돌이 발견되고 있는데 우리나라는 그들 나라와는 비교도 할 수 없을 만큼 많은 고인돌이 있지.

특히 강화도 고인돌은 동북아시아 고인돌의 흐름과 변화를 연구하는 데 중요한 유적으로, 유네스코 세계문화유산에 등재된 거란다.

자연숭배 신앙이 이루어지고 있던 신석기와 청동기 시대에는 돌이 무덤에 많이 쓰였어. 우리나라의 거석 기념물은 고인돌을 비롯해 돌널무덤, 암석화, 주술적인 믿음으로 불행을 막아주는 마을 입구의 선돌, 바위의 불상 등으로 그 당시 사람들은 돌에 강함과 신비로운 힘이 깃들어 있다고 믿은 거지.

청동기 시대에는 씨족 사회가 커지면서 부족을 이루게 되고 농경 생활이 발달하면서 대규모 마을이 생기고 마을의 노동과 생산물의 분배 등을 조정할 지배자가 등장했어.

권력을 가진 자를 중심으로 재산을 늘리고 다른 이들을 지배하는 자와 지배를 받는 사람들로 나뉘는 사회적 계급이 생긴 거야. 청동기 시대의 지배자는 많은 사람을 동원하여

▼ 고인돌군

▲ 부근리 지석묘

자기 무덤인 고인돌을 크게 만들게 함으로써 자신의 힘을 과시한 거지.

고인돌은 당시 지배층이 가진 정치권력과 경제력을 잘 반영하고 있다고 볼 수 있어.

고인돌은 무덤이었지만, 그 당시 어떤 종교적 의식을 행하는 제단으로 사용하기도 했을 거라고도 해.

아마 후대인들이 고인돌을 신앙의 대상으로 받아들인 것으로 봐야겠지.

강화도에서는 어디로 눈을 돌려도 쉽게 고인돌을 볼 수 있어. 고려산 능선, 봉천산 기슭, 밭 한가운데도 있고, 민가의 뒤꼍 담장 안, 논바닥 한가운데도 있지.

기록에 따르면 150여 기가 된다고 하는데 확실하지는 않아. 아마도 더 많을 것 같다.

이제 우리가 책에서 제일 많이 봤던 고인돌을 자세히 살펴보기로 하자.

역사박물관 입구에서 바로 볼 수 있는 고인돌은 바로 사적 제137호 '강화 부근리 지석묘'야. 50톤 이상 나가는 덮개돌의 길이가 무려 7m나 된다는군. 정말 어마어마하네!

그런데 꼭 쓰러질 것 같아 걱정이라고?

걱정하지 마, 한쪽으로 비스듬히 기울어 있지만 수십 톤의 덮개돌이 균형을 잡은 채 수천 년을 버티고 있으니까. 이탈리아 피사의 사탑이 기운 것처럼 말이야.

그런데 수많은 고인돌 중 책에 나오는 이 고인돌만 보고 가면 너무 아쉽겠지. 그래서 '부근리 고인돌군 14기 탐방로'를 함께 걸어 볼 거야.

논길을 걸으며 소나무 향기를 맡아 봐. 그리고 귀 기울여 봐. 그 옛날 우리 조상님들의 말소리가 두런두런 들리는 것 같다.

고조선

사회 교과서 5-2
22~26쪽

강화도 마니산 참성단

10월 3일이 무슨 날인지 아니?

모두 잘 알다시피 기원전 2333년 단군왕검이 우리나라 최초의 국가인 고조선을 세운 날을 기념하는 개천절이지. 물론 기원전 2333년이라는 게 아주 정확한 것은 아니야. 그러니까

▼ 마니산 참성단

▲ 마니산 참성단 전국체전 성화 채화 모습

10월 3일 날짜도 정확한 것이 아니지.

10월쯤 한 해의 농사가 끝나면 마을 사람들이 모여 하늘에 감사하고 다음 해의 풍년을 기원하는 제사를 드렸어.

제사를 마친 다음에는 축제를 열어 음식을 나누어 먹으며 노래와 춤을 즐기는 축제가 있었거든.

축제의 이름은 나라마다 달라서 고구려는 '동맹', 부여는 '영고', 동예는 '무천' 등이었어. 아마 그렇게 해서 10월이 개천절이 되었을 거야.

또 우리나라 사람들은 숫자 '3'을 무척 좋아하거든. 옛날이야기 속에도 '삼 년 고개', '세 친구', '천부인 세 개', 또 우리가 좋아하는 '삼세판' 등이 있지. 종합해 보면 10월 3일이 개천절로 딱 좋은 거지.

흔히 우리나라를 '반만년 역사'라고 하는데, 사실 정확히 말해서는 기원전 2333년과 현재인 2018년을 합해 4351년의 역사인 셈이지. 그렇지만 그냥 '오천 년 역사'라고 하는 거야.

이 시기 지배층은 '널리 인간을 이롭게 한다.'라는 통치 이념으로 자신의 권위를 내세우고자 했지. 좀 유식하게 말해서 '홍익인간(弘益人間)'이야.

여덟 가지의 강력한 법으로 사람들을 다스렸는데, 그 가운데 세 가지만 전해 오고 있지.

서기전 3세기 무렵, 준왕과 같은 강력한 왕이 등장하여 중국의 연나라와 대립할 만큼 성장했어. 그 후 서기전 194년 중국이 혼란스러운 틈을 타 고조선으로 넘어온 위만이 준왕을 몰아내고 왕이 되었어. 이때부터가 위만조선 시대야.

위만은 철기 문화를 받아들이며 고조선을 크게 발전시켰지만 중국의 한나라 무제와 대립하다 고조선 왕검성이 함락되며 멸망했어.

그래서 어떻게 되었냐고?

한나라는 낙랑군, 현도군, 진번군, 임둔군 등 고조선 땅에 사군을 설치했지. 하지만 고조선 사람들의 저항에 부딪혀 30년도 채 되지 않아 없어지거나 요동으로 쫓겨났고, 낙랑군만 313년까지 남아 있었지.

'호동왕자와 낙랑공주'의 얘기는 들어 봤니? 낙랑공주가 사랑에 빠져 낙랑군에 있는 자명고를 찢은 얘기지.

낙랑군에는 적이 쳐들어오면 저절로 울리는 북이 있어서 고구려가 쉽게 쳐들어갈 수 없었는데, 고구려의 호동왕자에게 마음을 뺏긴 낙랑공주가 자명고를 찢는 바람에 고구려는 낙랑을 칠 수 있었다고 하지. 호동왕자와 낙랑공주의 러브스토리는 다음에 더 자세히 얘기해 줄게.

생각해 보기

• 위만은 1,000여 명의 무리를 이끌고 중국에서 이주했지만, 들어올 때 상투를 틀고 조선인의 옷을 입고 있었으며 왕이 된 뒤에도 나라 이름을 그대로 조선이라 하였어. 그러니 위만조선은 단군의 고조선을 계승한 것으로 볼 수 있겠지?

이제 단군이 하늘에 제사를 지냈다는 마니산을 오르기 전에 단군 신화를 간단히 들려줄게.

단군왕검 이야기

옛날, 아득한 옛날에~

하늘나라에 환인이라는 왕이 살고 있었어.

환인에게는 환웅이라는 아들이 있었는데 늘 인간세상을 다스리고 싶어 했지.

환웅은 아버지 환인의 허락을 받고 3,000명의 백성들을 데리고 태백산 신단수 아래로 내려왔어. 바람신, 비신, 구름신을 거느리고 인간세상의 여러 가지 일들을 다스렸어.

어느 날 환웅에게 곰과 호랑이가 찾아와 사람이 되게 해 달라고 빌었지.

환웅은 쑥과 마늘을 주며 100일 동안 이것만 먹고 햇빛을 보지 않으면 사람이 될 수 있다고 했어.

하지만 참을 수 없었던 호랑이는 굴을 뛰쳐나갔고, 곰은 잘 견디어 사람이 된 거지.

여자가 된 곰은 환웅과 결혼하여 단군왕검을 낳았어.

단군왕검은 조선이라는 나라를 세우고 1,908세의 나이로 산신이 되었대.

여기서 잠깐! 신화는 신화일 뿐, 그 내용 모두가 실제 일어난 역사적 사실은 아니라는 거 잊지 말자.

단군 신화는 오랜 세월을 거치면서 전승되어 기록으로 남은 거야. 그러는 사이에 어떤 부분은 후대로 가면서 새로 덧붙여지고 때로는 없어지기도 하며 현재의 단군 신화가 탄생한 거야. 우리 건국 신화랑 비슷한 내용을 가진 신화가 동북아시아 여러 지역에서도 많이 전해져 오고 있지.

그런데 실제로 곰과 호랑이가 사람이 되고 싶어 환웅을 찾아왔을까? 우리는 이 신화를 통해 우리의 역사를 돌아봐야 할 거야.

아마 곰을 숭배하는 부족과 호랑이를 숭배하는 부족이 있었는데, 곰 부족이 호랑이 부족을 물리치고 하늘에서 내려왔다는 힘센 부족과 힘을 합쳐 이 두 세력 사이에서 단군이라는 강한 지배자가 나온 것으로 보면 신화의 내용이 이해가 될 거야. 그 당시에는 자기 부족의 기원을 특정 동·식물과 연결해 숭배하는 토테미즘(Totemism)이 원시 신앙의 형태였거든.

또 강화도는 고조선의 영역이었을 가능성이 매우 커. 왜냐하면 마니산에 단군이 하늘에 제사를 지냈다는 참성단과 단군의 세 아들이 쌓았다고 전해지는 삼랑성이 있고, 청동기 시대의 대표적 무덤인 고인돌이 고조선의 유적으로 많이 남아 있거든.

이제부터 마니산 참성단에 올라 보자.

엄마가 어렸을 때 강화에서는 모두 '마리산'이라고 했는데, 지금은 '마니산'이 공식적인 명칭이라고 하니 마니산으로 부르자.

마니산을 중심으로 해서 북쪽의 백두산과 남쪽의 한라산의 거리가 똑같대. 그래서 사람으로 치면 강화도 마니산이 배꼽에 해당한다는 말이 있지. 정말 기묘한 일이지? 어딘가 신성한 기운이 느껴지는 것 같기도 하다.

마니산은 강화에서 제일 높은 산(472.1m)으로 조금 가파르니 오르기 힘이 들 거야. 계단으로 오르면 빠르게 정상으로 갈 수 있다고 하니 힘을 내서 하나씩 계단을 올라가 보자.

▼ 마니산 참성단 소사나무(천연기념물 502호)

참성단은 마니산 꼭대기에서 단군이 하늘에 제사를 지내던 곳이라고 해. 맨 윗부분은 네모난 제단이지.

많은 사람이 기도하는 마음으로 하나씩 돌을 나르고 쌓아 참성단을 다듬었겠지.

참성단과 어울리는 나무 한 그루, 천연기념물로 지정된 '참성단 소사나무'가 꽤 그럴듯한 그림을 그려 내고 있구나.

가뭄이 들면 기우제도 지내고, 고려 시대에는 나라의 번영을 위해 궁궐을 짓기도 했으며, 조선 시대까지도 나라에서 가장 신성시 여기는 제천단이었다는 점에서 종교적 성지의 의미뿐 아니라 우리 민족의 정신적 구심점 역할을 해 왔다고 볼 수 있겠지.

1955년부터 전국체전의 성화를 이곳 참성단에서 채화하고 있어. 마치 올림픽의 성화를 그리스에서 하는 것처럼 말이야. 우리도 마니산 참성단에서 소원을 한번 빌어 볼까?

정족산 삼랑성

이번엔, 정족산을 올라 보자.

산에 오르는 게 힘들다고? 걱정하지 마. 220m의 작은 산이야. 그냥 뒷동산이라고 생각하면서 오르면 별로 힘들지 않

▲ 삼랑성 전경

을 거야. 천천히 오르며 들에 핀 들꽃들과 눈맞춤을 하면, 꽃들이 좋아할 거야.

상큼한 나무 냄새를 맡으며 걷다 보니 어느새 다 왔네.
들꽃 향기 한 스푼 넣은 시원한 바람 한 컵 마셔 볼까? 갑자기 힘이 솟는 것 같구나.

"정족산 삼랑성을 오르며
상큼한 나무 냄새와
들꽃 향기를 맡아 보자."
〈정족산성에서〉

삼랑성은 단군의 세 아들 부소, 부우, 부여가 쌓은 석성이야. 세 아들이 쌓은 성이라 해서 '삼랑성'이라고 해.

정족산의 봉우리가 셋 있는데, 삼 형제가 하나씩 맡아서 성을 쌓았다나? 정족산의 성이라 정족산성이라고도 하지.

단군의 아들이 쌓았다고 전해 오니 고조선 시대에 쌓은 것이라고 봐야 하겠지. 하지만 정확하지는 않단다.

고려사와 조선왕조실록에 의하면 고조선 시대에 참성단과 삼랑성을 쌓았다는 이야기가 전해 내려온다는 기록이 있으니, 연대는 정확하지 않지만 고조선의 유적이라고 할 수 있단다.

이제 삼랑성 성곽을 한번 둘러보자.

성곽은 동서남북으로 길이가 얼마나 될까? 삼랑성은 전체

▼ 삼랑성 남문

길이가 2,300m라고 해.

강화도의 성은 대부분이 토성인데, 이것은 견고한 석성이라는 점이 특이한 거야. 아마 이 성도 처음에는 토성이었는데 보수하면서 돌로 쌓은 것이라고 볼 수도 있겠지.

사실, 정족산성을 정말 뜻깊은 문화 유적으로 꼽는 이유는 1866년 조선 시대 병인년에 프랑스군과 맞서 싸워 대승을 거둔 곳이기 때문이야.

지금은 여기 있는 '양헌수 승전비'만 보고 가자. 나중에 병인양요 때 양헌수 장군이 프랑스군과 싸워서 이긴 얘기를 해 줄게.

또 저기 그림처럼 멋진 사찰이 보이지?

저게 바로 그 유명한 천년고찰 '전등사'야. 사실 정족산성은 전등사를 둘러싸고 있다고 할 수 있지.

이제 삼랑성의 동문을 통해 1600년의 역사를 품은 전등사로 들어가 보자.

전등사 얘기는 고구려 사찰 편에서 또 들려줄게.

고구려 백제 신라
삼국 시대

사회 교과서 5-2
30~40쪽

고조선 주변의 새로운 국가들

청동기 문화를 기반으로 고조선이 위세를 떨치고 있을 무렵 만주 지역과 한반도 북쪽에는 부여, 고구려, 옥저, 동예 등이 성립하였고 남쪽에는 삼한 세력이 움트고 있었어.

부여는 만주 송화강 근처에 자리 잡고 고조선과 비슷한 법으로 백성을 다스리며, 추수를 감사하고 하늘에 제사를 지내는 '영고'라는 축제를 가졌지. 하지만 후에 문자명왕(494년) 때 힘이 강해진 고구려가 정복하여 모두 고구려 땅이 되었단다.

고구려는 〈삼국사기〉의 기록에 의하면 부여에서 내려온 주몽이 부여 지배 계급의 박해를 피해 남쪽으로 내려와 독자적으로 건국하였다고 해. 압록강 유역에 살던 사람들이 세웠어. 처음에는 작은 마을이었으나, 작은 마을이 여러 개 합쳐

져서 다섯 집단이 나라를 세운 거지. 고구려는 고조선이 멸망할 때 한나라가 사군을 설치했던 것을 모두 쫓아낼 정도로 힘이 막강했고, 옥저와 동예도 힘이 약해 나중에 고구려에 속하게 되었지.

삼한은 마한, 진한, 변한 세 나라로 여러 개의 작은 나라들을 하나로 묶은 연맹체 국가야.

마한은 지금의 경기도, 충청도, 전라도 지역에 54개의 작은 나라들로 이루어져 있었는데 나중에 백제로 발전하게 되지. 진한은 12개의 부족연맹체로 신라로 발전하게 돼. 변한도 12개의 부족연맹체였지만 가야국이었다가 나중에 신라에 정복되어 없어지게 되지.

결국 고구려, 백제, 신라의 삼국 시대가 되는 거야.

앞에서 고조선을 세운 단군왕검의 신화를 들어 봤지? 고대 국가에선 나라를 세우고 백성을 다스리는 사람은 뛰어난 능력과 신비함을 가져야 한다고 믿었어. 나라가 잘 되고 못 되는 것이 모두 왕의 능력에 달렸다고 믿었던 시대였거든.

그래서 나라를 세운 시조의 신화 속 주인공은 하늘이나 신의 아들이거나, 활을 잘 쏘거나, 물고기·새와 소통하는 등 모두 신비한 능력을 가진 존재로 백성들이 숭배하도록 만들었지.

아마 요즘 잘나가는 '아이돌'쯤 될걸. 외모, 노래, 춤, 연기, 유머 감각까지 있는 탤런트처럼 신화의 주인공은 특별했어. 그럼 이제 삼국 시대의 신화를 들어 볼까?

고구려 건국 신화 – 주몽

어느 날, 부여의 금와왕은 사냥을 하다가 '우발수'라는 강가에 이르러 아름다운 여인을 발견했어. 바로 강을 다스리는 하백의 딸 유화였지.

유화는 해모수와 사랑에 빠져서 아버지의 허락 없이 결혼을 하는 바람에 그만 쫓겨나게 된 거야.

금와왕은 유화 부인을 자신의 대궐로 데리고 갔지. 그런데 며칠이 지나고 유화 부인이 커다란 알을 하나 낳았지 뭐야. 금와왕은 그 알을 나쁜 징조라 여기고 돼지우리에다가 버렸는데 오히려 돼지들이 그 알을 피하며 보호를 하는 거야. 들판에도 갖다 버렸지만 숲에 사는 동물들이 따뜻하게 감싸 주었어.

마침내 금와왕이 칼로 알을 내리쳤지만 깨뜨릴 수가 없는 거야. 할 수 없이 금와왕은 알을 유화 부인에게 다시 갖다주었지.

며칠 후, 알이 깨지며 아이가 나왔는데 아들이었고 얼굴도

잘생기고 매우 영특했어. 일곱 살에 활과 화살을 만들고, 활을 쏘면 백발백중이라 이름을 주몽으로 지었지. 주몽은 활을 잘 쏘는 사람을 말해.

부여 금와왕의 일곱 왕자는 주몽을 시기하고 틈만 나면 주몽을 죽이려고 음모를 꾀하였지.

어느 날, 왕자들의 계획을 눈치챈 유화 부인이 아들인 주몽에게 부여를 떠나라고 했어. 어머니의 말을 듣고 주몽은 깊은 밤에 그곳을 빠져나왔어.

마침 그때, 주몽의 아내인 예씨 부인이 임신 중이어서 함께 갈 수 없었던 거야. 주몽은 자신의 아들이 태어나면 '칠각형 돌 위, 소나무 아래에 숨겨 둔 부러진 증표'를 찾아 가지고 오면 자신의 아들인 줄 알겠다고 하며 떠났어.

주몽이 '엄호수'라는 강까지 왔는데 부여의 군사들도 따라온 거야. 붙잡히기 일보 직전이었지! 다급한 주몽은 하늘의 자손이고 하백의 손자이니 강에게 도와 달라고 외쳤어. 그러자 거북과 물고기들이 다리를 만들어 건널 수 있게 해 주었지.

주몽 일행은 계속 남쪽으로 내려가 졸본 쪽 땅에 나라를 세우고 나라 이름을 '고구려'라 하였지.

백제 건국 신화 - 온조

고구려가 압록강 인근에서 세력을 키워가고 있을 때 한강 유역에서 백제가 일어났어.

백제를 세운 온조는 고구려 시조인 주몽이 졸본으로 와서 낳은 둘째 아들이야.

주몽은 부여를 떠나 졸본에 와서 고구려를 세운 뒤, 결혼하여 낳은 두 아들이 있었어. 큰아들은 비류, 작은아들이 바로 온조야.

한편 주몽이 부여를 떠나올 때 임신 중이어서 두고 온 예씨 부인도 아들을 낳았어. 그 아들이 유리야.

유리는 칠각형 돌 위 소나무 아래에 숨겨 둔 부러진 증표, 칼 반 토막을 찾아내어 아버지인 주몽을 찾아온 거야.

결국 유리 태자가 졸본 부여에 와서 왕위를 이어받았지.

그러자 비류와 온조는 이곳에 남아 있는 것이 불편할 것이라 생각하고 오간, 마려 등 10여 명의 부하와 그들을 따르는 백성들과 함께 남쪽으로 떠났어.

남으로 남으로 계속 내려가다가 한성(지금의 서울)에 이르러 사방을 둘러보니 들이 넓고 기름져서 농사를 짓고 살기에 좋아 보인 거야. 하지만 비류는 그곳보다 바닷가 쪽으로 가고 싶어 했지.

그래서 비류는 미추홀(지금의 인천 부근)로 떠났고, 온조는 하남 위례성에 도읍을 정하고 나라 이름을 '십제'라고 했어. 이때가 기원전 18년이야.

한편 비류가 정착한 미추홀은 땅이 축축하고 물맛이 짜서 사람이 살기에 적당하지 않았던 거야. 비류를 따른 백성들은 다시 위례로 돌아왔고 그 후 나라 이름을 '백제'라고 고쳤지.

위례성은 원래 마한에 속하는 작은 나라였어. 백제는 삼한 중 마한을 정벌하며 점점 강성해져 갔지.

백제는 다른 나라처럼 신비한 힘이 나타나지 않는 건국 신화야.

신라 건국 신화 - 박혁거세

신라가 처음 생길 때 경주 주변에는 모두 여섯 개의 마을이 있었어.

사로국은 진한의 12개국 중 하나이고 지금의 경주인 서라벌에 자리 잡고 있었지.

어느 날, 여섯 마을의 촌장을 뽑는 회의를 하던 중 양산촌의 '나정'이라는 우물 옆 숲속에서 신비로운 빛이 내려오더니 새하얀 백마가 무릎을 꿇고 절하는 시늉을 하는 거야.

이상하게 생각한 양산촌의 촌장 '소벌공'이 가까이 가보니 말은 울음소리를 내며 하늘로 올라가 버리고 그 자리에는 푸르스름한 빛이 도는 큰 알이 한 개 놓여 있지 뭐야.

알에 손을 대자 껍질이 깨지며 아주 잘 생긴 사내아이가 나왔어.

여섯 촌장은 아기를 꺼내어 깨끗이 씻겼는데 몸에서는 빛이 나고 해와 달이 밝게 빛나는 거야.

소벌공은 아이를 데려다가 정성껏 키웠지.

마을 사람들은 모두 하늘이 내려 준 아이라고 생각하고 후에 임금으로 모셨어.

임금은 박처럼 큰 알에서 나왔다 하여 성을 '박(朴)'이라 하고, 세상을 빛으로 다스린다 하여 이름을 '혁거세(赫居世)'라 했지.

혁거세가 태어날 무렵 사량리 알영이라는 우물가에서 계룡 한 마리가 나타나 오른쪽 옆구리로 여자아이를 낳고 하늘로 올라갔어.

이 모습을 본 할머니가 신비롭게 여겨 아이를 길렀지.

여자아이는 커갈수록 아름다웠지만 입술이 닭의 부리와 같아 보기 흉한 거야.

그래서 할머니가 월성 북쪽 냇물에 입을 씻겼더니 부리가 떨어졌어. 여자아이는 우물의 이름을 따서 '알영'이라고 불렀지.

혁거세는 후에 알영과 결혼하여 신라를 다스리게 된단다.

어때? 재미있게 잘 들었니?

신화는 전해 오는 이야기라 조금씩 달라. 하지만 신화들의 공통점을 알 수 있을 거야.

시조들의 탄생은 알에서 태어나는 신비로움이 있고, 나라의 건국은 하늘의 뜻이라는 걸 알 수 있지. 또 나라를 세운 시조를 신성한 존재로 만들어 위대함과 비범함으로 왕의 권위를 높이고 왕실과 국가에 더욱 잘 복종하게 하려는 목적이 있다고 볼 수 있지.

자, 그럼 이제 타임머신을 타고 삼국 시대로 떠나 보자.

삼국의 발전과 강화도

고구려, 백제, 신라 세 나라 중 어느 나라가 제일 먼저 세워졌을까? 〈삼국사기〉에는 신라, 고구려, 백제의 순이라고 나와 있지만 고구려, 백제, 신라의 순서로 고대의 국가 체제가 정비되었다고 볼 수 있지(최태성, 2012). 가야는 삼국의 각축 속에서 중앙 집권화를 이루지 못한 채 신라와 백제에 흡수되었어.

우선 고구려는 세 나라 중 가장 군사력이 강한 나라라고 할 수 있어. 5세기 광개토대왕이 북쪽으로 영토를 넓혔고 백제에 압력을 가하면서 한강 유역까지 진출했지. 그러다 보니 백제와 충돌이 거듭되었고 제일 치열했던 곳이 관미성이야.

관미성의 형세를 〈삼국사기〉에서는 사면이 가파르고 바닷물로 둘러싸여 있다고 기록되어 있어. 이에 따라 관미성의 위치를 강화군 교동도(橋洞島)로 보기도 하고 임진강과 한강의 하류인 조강에 위치한 파주 오두산성, 또는 예성강 하구쯤으로 보기도 하고, 강화도 본도로 보기도 하지(한국민족문화대백과사전).

백제는 3세기 고이왕 때부터 나라가 성장했지. 백제가 나타나기 전에 한강 유역에는 이미 54개나 되는 작은 나라들이 마한을 이루고 있었어. 하지만 백제는 힘이 강해져서 마한의 땅을 모두 차지하며 영토를 넓혔어.

고이왕에 이어 근초고왕은 마한의 남은 지역을 모두 정복하고, 낙동강 주변의 땅은 물론 남해안까지 백제의 영토를 넓혔지.

신라는 6세기 초 지증왕 때 겨우 왕권이 강해지면서 국호를 신라로 정했어. 그리고 마립간이란 칭호도 왕으로 바꾸고, 우산국을 정벌하여 신라의 영토로 편입시키지.

'독도는 우리 땅'이라는 노래 가사에도 나오는 이사부 장군이 우산국을 정벌한 거야.

후반에 신라 진흥왕은 백제와 동맹을 맺고 고구려를 공격하여 한강 상류 유역은 신라가 차지하게 되고, 하류 유역은 백제가 차지하게 되었어. 하지만 진흥왕은 백제의 한강 유역을 공격하여 신라의 영토로 만들어 버렸지.

나라의 부흥을 위해 동맹을 깨도 되는 거냐고?

진흥왕이 한강 유역을 차지함으로써 삼국 통일에 한걸음 다가갈 수 있었다고 보면 어떨까.

얘기를 들어 보니, 한강 유역이 치열하게 삼국이 다툰 곳이라는 걸 알겠지? 그럼 왜 그랬을까?

한강 유역은 넓은 평야 지대라 식량 확보에 유리하고, 다른 나라와 교류하기도 좋은 위치였지. 그래서 이 한강 유역은 세 나라가 동맹과 전쟁 속에서 서로 뺏고 뺏기는 항쟁지가 되었던 거야. 한강 유역을 장악한 나라가 그 시대의 주도권을 갖는 나라가 되는 거지.

이 지역에 바로 여기 강화도가 들어가 있어. 처음 4세기까지 강화도는 백제의 땅이었어. 그러다가 고구려의 남하 정책에 따라 고구려 땅이 되었고, 6세기 신라가 진흥왕 시대의 최강 전력을 과시하며 신라의 땅으로 만들었지.

삼국 통일의 완성

사회 교과서 5-2
52~62쪽
삼국 통일과 발해의 건국

나·당 연합군과 삼국 통일

고구려가 수나라, 당나라의 침략을 막아 내고 있을 때 신라는 백제의 공격을 받았어. 연이은 백제의 공격으로 신라는 많은 영토를 잃으며 어려움에 처하게 되었지.

신라는 고구려의 반격도 걱정되고 백제가 다시 침략할 것을 막으려고 고구려와 연합을 하고 싶었어. 위기를 벗어나고자 김춘추를 고구려에 보내 도움을 요청했지만 거절당했지.

연합이 성공하지 못하자, 신라는 다시 김춘추를 당에 보내 도움을 요청하였고, 그 결과 당나라와 군사동맹을 맺어 연합이 이루어진 거지.

신라와 당의 연합군인 '나·당 연합군'은 먼저 백제를 공격했단다. 백제의 계백 장군은 5,000명의 군사로 신라의 김유

신 장군이 이끄는 군사 5만여 명과 전투를 벌였어.

안 봐도 뻔한 전투라고?

아냐. 백제의 군사들은 '일당백'의 각오로 신라를 물리치려고 최선을 다했어. 오히려 5만여 명의 신라군이 어려움을 겪을 정도였으니까. 하지만 신라는 화랑들의 활약으로 660년에 황산벌에서 계백이 이끈 백제 결사대를 격파한 뒤 사비성을 함락시키며 백제를 멸망시켰어.

백제를 멸망시킨 신라는 다시 당과 연합하여 고구려를 공격했지. 고구려는 거듭된 전쟁으로 국력이 많이 약해졌고, 연개소문이 죽은 후 지배층의 권력 다툼으로 국론이 분열되어 있었거든. 이러한 상황에서 다시 평양성을 공격하여 마침내 668년 고구려를 멸망시켰어.

그럼 그때 삼국 통일이 되었어야 했겠지?

그런데 말이야, 676년이 되어서야 삼국 통일이 되거든.

신라가 삼국을 통일하기 위해 '나·당 연합군'이라 하며 같이 싸웠지만 당나라의 검은 심보를 물리치는 데 꽤 오랜 시간이 걸린 거지. 당나라가 신라와 연합하여 백제와 고구려를 멸망시킨 것은 결국 신라를 이용하여 한반도 전체를 장악하려는 야심 때문이었던 거야.

신라는 겨우 백제와 고구려를 물리쳤지만, 당나라는 백제의 옛 땅에 웅진 도독부를 두고, 고구려의 옛 땅에는 안동 도호부를 두고 지배하려 했어. 거기에 신라 경주에도 계림 도독부를 두고 한반도의 지배권을 확보하려 했단다.

이게 당나라가 한반도를 좌지우지하는 진정한 통일이 아닌 거야. 이러다가는 나라가 당나라의 손아귀에 들어가게 생겼거든. 그래서 신라는 고구려, 백제 유민과 연합하여 당과 정면 대결을 벌이지. 이렇게 해서 676년 신라 문무왕이 삼국 통일을 이룩한 거야.

생각해 보기

• 비록 외세의 힘을 이용한 통일이었고 지금의 우리나라에 비해 대동강에서 원산만까지의 경계로 터무니없이 부족한 영토를 차지한 것에 아쉬움이 크지만, 나중에 우리가 당나라의 세력을 몰아내고 고구려와 백제의 새로운 문화를 받아들이며 우리의 민족 문화가 발전하는 기반이 되었다는 점에서 삼국 통일은 자주적 통일이었다고 말할 수 있지 않을까?

고구려의 연개소문

당나라가 신라와 손잡은 속마음을 이젠 알았지? 고구려 침략에 실패한 당나라가 신라를 이용하여 한반도를 장악하려는 그 시커먼 속마음을.

사실, 당나라 이전에 수나라가 있었지. 수백 년간 분열됐던 중국을 수나라가 통일했지만, 수나라는 고구려까지 갖고 싶어 침공을 했어. 수나라의 문제와 양제는 잇따라 백만 명이 넘는 대규모 병력을 이끌고 고구려를 침략해 왔단다.

'공격하라! 공격하라!'

백만 군사들의 함성이 들리는 것 같지?

하지만 만만한 고구려가 아니잖아. 고구려에는 을지문덕 장군이 있었어. 을지문덕 장군이 적을 유인한 뒤 살수에서 크게 격파하여 대승을 거두었지. 이게 우리가 알고 있는 '살수 대첩'이야.

수나라가 망하고 당나라가 들어서며 또 세력을 뻗쳐 오자 고구려는 국경 지방에 천리장성을 쌓고 당나라의 침략에 대비했지.

연개소문은 이 성의 축조를 감독하면서 당나라에 대하여 강경 정책을 추진했어. 연개소문은 지금 말로 '금수저'였어. 귀족 가문이라 높은 벼슬도 보장되어 있었지. 그러다 보니 많은 사람이 오히려 그를 견제하여 그를 천리장성 쌓는 책임자로 지방으로 보내 버린 거야. 그것도 모자라 연개소문을 암살하려는 계획까지 세운 거야.

이 사실을 알게 된 연개소문은 반역을 꾀하며 궁궐까지 쳐들어가 당시 고구려 왕이던 영류왕을 죽이고, 왕의 조카인 보장왕을 새 왕으로 앉혔지. 그리고 연개소문은 막리지로 나라의 정치와 군사권 등 실질적 권력을 휘두르게 돼. 고구려는 연개소문을 중심으로 굳게 뭉쳐 당나라를 물리칠 수 있었던 거야.

당나라 태종이 직접 수십만 명의 군대를 이끌고 전략적으로 가장 중요한 안시성을 공격했을 때도 안시성에서 군민이 합심하여 60여 일간이나 완강하게 저항했고, 그 사이 고구려는 전열을 정비해 대대적인 반격을 펼쳐 당나라 군대를 물리칠 수 있었어.

물론 양만춘 같은 용감한 장군이 있기도 했지만 고구려 백성들이 힘을 모아 당나라를 물리치는 용맹함은 지금도 우리 민족이 갖고 있는 불굴의 정신이기도 하지.

그러면 이렇게 막강한 고구려가 어떻게 무너지고 신라가 삼국을 통일했을까?

백제가 망한 지 5년이 지난 후 연개소문이 죽었어. 그러자 그의 자식들끼리 내분이 일어나면서 나라는 혼란스러워졌고, 연개소문의 장남인 연남생이 당나라로 망명을 가는 등 지배층의 분열로 연개소문이 죽은 지 3년 만에 멸망하게 된단다.

생각해 보기

• 당나라의 동북아시아 지배 야욕을 좌절시킨 우리 민족의 힘이 대단하지? 고구려가 수·당나라와 싸워 그 침략을 막아 낸 것은 고구려의 국가안보뿐만 아니라 중국의 한반도에 대한 침략을 저지한 점에서 더 의미가 클 수도 있는 거야.

그런데 하점면 고인돌 광장 입구에 연개소문 유적비가 좀 이상하다고 생각했지?

▲ 연개소문 유적비

유적비와 강화의 향토사에 의하면 연개소문은 강화도 고려산 기슭에서 태어났대. 하점면 삼거리 저수지 위에 있는 시루봉 중턱에 집이 있었고, 청년이 될 때까지 이곳에서 무예를 연마했다더구나.

그런데 왜 연개소문의 태어난 때와 장소가 책에 안 나와 있느냐고? 정확한 고증을 할 수 없어 그렇다는구나.

전해 오는 연개소문의 이야기를 들려줄게.

연개소문의 고향 '강화도 이야기'

연개소문의 아버지는 오랫동안 자식이 없었어. 그러던 중 나이 50세가 되었을 때 연개소문을 낳게 되었어. 사람들은 나이 쉰에 아들을 얻었다고 하여 연개소문을 '갓쉰동'이라고 불렀지.

어느 날, 스님이 지나가다가 연개소문을 보더니 '이 아이는 큰 인물이 될 운명을 가지고 태어났다.'라고 하는 거야. 연개소문의 아버지는 쉰 살이 되어 겨우 얻은 아들이 훌륭하게 된다니 너무 기뻤지.

그런데 15년은 자식과 부모가 헤어져 있어야만 큰 인물이 될 거라고 하는 거야. 할 수 없이 아버지는 어린 아들의 등에 '갓쉰동'이라고 새겨서 원주에 데려다 놓고 어른이 되면 고향으로 돌아오라고 했지.

연개소문은 원주에서 어떤 도인을 만나 검술과 병법을 배우고, 당나라에 건너가 그곳의 학문을 익힌 뒤 강화도로 돌아왔지. 그리고 강화도 고려산에서 사람들을 모아 군사 훈련을 시키며 앞날을 준비했어.

지금도 고려산 정상 부근에 말 달리던 치마대의 자취와 연개소문의 집터가 남아 있다고 전해 오고 있어. 또 고려산 정상에는 무예 활동을 하다가 연개소문이 물을 마셨다는 다섯 개의 우물도 있었다고 해.

목마른데 우리도 빨리 그 물을 마시러 가고 싶다고?

그게 나중에 고려에 침공한 몽골군이 연개소문과 같은 뛰어난 장수가 또 나올까 두려워 거기에 쇳물을 부어 물줄기를 막아 버렸다는구나.

일단 고려산에 올라가 보자. 거기엔 삼국 시대의 훌륭한 사찰도 있으니.

불교를 받아들인 세 나라

강화도의 불교문화

우리나라에 불교가 언제 들어왔을까?

고구려, 백제, 신라 세 나라는 고대 국가를 이루면서 새로운 국가 이념으로 불교를 선택했어.

고구려는 소수림왕 2년(372년)에 중국 전진의 순도가 불상과 경전을 전해 주면서 전래되었어. 백제는 침류왕 1년(384년)에 동진에서 마라난타라는 승려가 와서 불교를 전파하였으며, 성왕 때는 일본에 불교를 전하는 등 활발하게 번영을 이루었지. 신라는 눌지왕 때 고구려 승려 묵호자가 불교를 알렸으나 법흥왕 14년(527년)이 되어서야 이차돈의 순교로 공인되었지.

불교를 받아들인 후 세 나라는 국가나 왕실에서 불교를

크게 믿었어. 왕실에서는 많은 탑과 절을 세우고 불교가 널리 퍼지도록 노력했지. 모든 신하와 백성이 믿고 따를 수 있는 새로운 지배 이념으로 떠오른 것이 종교였고 당시 수준 높은 종교가 바로 불교였거든.

고구려 시대의 사찰

정족산 전등사

그럼 강화도의 불교문화인 명산대찰을 향해 떠나 볼까?

먼저, 고구려 때 지어진 사찰로 전등사를 만나 보자.

단군의 아들이 쌓았다고 전해지는 삼랑성으로 들어가면 전등사 경내로 들어갈 수 있어. 단군 신화의 전설을 품은 우리나라의 가장 오래된 절로 고구려 소수림왕 11년(381년)에 아도(阿道)라는 화상이 세웠다고 전해지지만 확실하지는 않아.

원래는 '진종사'라 불렀는데 고려 충렬왕의 왕비가 옥등잔을 부처님께 바치면서 '전등사'라 불렀대.

고구려의 유적을 살펴보는 차원에서 전등사의 대웅전, 약사전, 명부전 등을 한번 훑어보는 게 좋을 것 같구나.

우선, 대웅전은 보물 178호야. 자세히 살펴보면 단청의 색깔이 좀 많이 바래고 너무 낡은 거 같지. 하지만 그게 바로

▲ 전등사 전경

역사성이야. 새로 산뜻하게 칠할 수도 있지만 고풍스러운 멋스러움이 더 좋은 거란다. 단청 무늬와 연꽃 조각들이 너무 아름다워 눈을 뗄 수가 없다.

대웅전의 처마 모서리에 있는 이상한 조각상 때문에 좀 놀랐지? 원숭이 같기도 하고, 여자 같기도 하고.

이 조각상을 보통 '나녀목상'이라고 하는데, 옷을 입지 않은 여인이 두 손과 머리로 추녀를 받치고 있는 모습이지. 여기에도 이야기가 전해져 오고 있어.

옛날에 전등사 대웅전을 짓는 목수가 있었어. 그는 가끔 하루 일을 끝내면 아랫마을 주막에서 쉬곤 했지.

어느 날, 그곳에서 일하던 주막 여인과 사랑을 하게 되었어. 그는 그동안 번 돈을 모두 그녀에게 맡기면서 절을 짓는 일이 끝나면 그 여인과 결혼을 하기로 했지.

그런데 그 여인은 목수가 맡긴 돈을 다 갖고 도망가 버린 거야. 얼마나 속이 상했을까. 돈도 아깝고, 속았다는 생각에 굉장히 분한 마음이 들었을 거야. 사랑한 여인에게 배신당하고, 그동안 번 돈도 모두 잃어버린 그 목수는 대단히 화가 났을 거야. 그래서 자신의 그 마음을 대웅전 처마 밑에 조각해 넣은 거지.

벌거벗은 채 두 손으로 추녀를 받치고 있는 여인의 모습을 보니 어떤 마음이 드니? 그렇게라도 해서 자신의 감정을 표

▼ 전등사 대웅전

현하는 것이 중요하다고 생각했을 수도 있고, 어쩌면 자신의 행동이 바르지 못했음을 반성하며 정성을 다하지 못한 자신의 마음을 조각해 넣은 것일지도 모르지.

이번엔 대웅전 서쪽의 약사전을 한번 볼까?

보물 179호로 대웅전과 비슷한 양식의 건물이네. 내부도 대웅전과 많이 비슷하고.

약사전은 '약(藥)'을 생각하면 쉽게 기억할 수 있을 거야. 약사전 안에는 사람들의 질병을 고쳐 주는 약사여래가 있는 곳이야. 약사여래를 믿고 기도하면 몸의 병, 마음의 병을 고쳐 준대.

명부전은 지장보살이 있는 곳이야. 사람이 죽어서 염라대왕에게 심판을 받는 곳인데, 거기서 지장보살이 무서운 심판으로부터 죽은 이를 구해 주는 역할을 해 주는 거지.

우리는 살아가면서 많은 죄를 짓게 되는데 지장보살이 옆에서 변호를 잘 해주면 염라대왕이 지장보살의 말을 듣고 형량을 줄여 주는 거로 생각하면 될 듯하네.

지장보살의 상을 잘 살펴보면서 전해 오는 이야기를 한번 들어 봐.

옛날에 마음씨 착한 소녀가 살고 있었어.

소녀의 아버지는 신심이 깊었지만, 어머니는 부처님을 믿지 않으며 행실이 좋지 않았지.

그러던 어느 날, 소녀의 어머니가 갑자기 죽게 된 거야. 소녀는 돌아가신 어머니가 걱정되었어. 극락세계에 가지 못할 거로 생각한 소녀는 어머니를 위해 기도를 드리려고 마음먹었지.

소녀는 갖가지 옷과 음식, 그리고 탕약과 꽃들을 마련해 절로 향했지. 그런데 가는 도중 많은 걸인을 만나게 된 거야. 소녀는 어머니의 기도를 위해 마련했던 옷과 음식, 탕약 등을 그들에게 나눠 주었어.

더 이상 줄 것이 없게 되자 소녀는 자신의 옷마저 벗어 주고 자신은 흙구덩이에 들어가 몸을 가린 채 어머니의 영혼을 위해 기도한 거야.

그 순간 부처님이 나타나 소녀의 소망을 들어주며 '18세의 소녀로 자신의 모든 것을 가엾은 이들에게 베푼 네가 진정한 보살이다.'라고 하셨대. 그 후 소녀를 '땅속에 몸을 숨긴 보살'이라는 뜻의 지장보살이라고 불렀단다.

우리도 가끔은 지장보살의 모습으로 나누는 삶을 실천해 보는 것은 어떨까. 더불어 사는 사회에서 나눔은 곧 나를 위해서 필요한 일이니까.

고려산 청련사, 적석사, 백련사

강화도에는 아름다운 산이 많이 있어. 우선 4월 중순이면 진달래꽃으로 마음을 설레게 하는 연분홍빛 고려산을 따라 올라 보자.

산비탈 바위 옆에 피어 있는 한 떨기 진달래꽃은 수줍은 소녀를 연상시키지만, 고려산 전체를 덮고 있는 진달래는 그 화려함이 정말 환상적이야. 매년 봄이면 전국 곳곳에서 강화도로 '진달래 축제'를 보러 오는 수만 명의 관광객의 탄성이 지금도 들리는 것 같다.

옛날 고구려 장수왕 때, 인도에서 온 스님 한 분이 우리나라에 와서 좋은 절터가 어디인지 살펴보던 중 강화도 고려산에 오르게 되었어. 고려산에 올라 산꼭대기에 빨강, 노랑, 파랑, 하양, 검정의 다섯 색깔의 연꽃이 활짝 핀 걸 본 거야. 스님은 이 다섯 색깔의 연꽃을 날려 떨어지는 곳마다 절을 지었다고 이야기가 전해져 와.

빨강은 적련사(赤蓮寺), 노랑은 황련사(黃蓮寺), 파랑은 청련사(靑蓮寺), 하양은 백련사(白蓮寺), 검정은 흑련사(黑蓮寺)라고 했단다.

지금은 황련사와 흑련사는 없어지고 세 개의 사찰만 남았어. 그중 적련사는 적석사로 이름을 바꿨지. 원래 산 이름도 다섯 개의 연꽃이 피었던 연못이 있다 하여 오련산(五蓮山)이었는데, 고려 시대 때 고려산(高麗山)으로 바뀌게 되었다는군.

▼ 청련사 큰법당

우선 고려산 동쪽 끝자락의 청련사는 조용한 절로 유명하지. 강화 '청련사 목조아미타여래좌상' 불상이 보물 1787호로 지정되어 있어.

▼ 청련사 전경

▲ 적석사 전경

▲ 적석사 사적비(위), 대웅전(아래)

우리가 청련사로 올라오자 커다란 흰둥이 두 마리가 반겨 주었는데 이제 보니 이 녀석들이 문화재 지킴이구나. 올라오는 길에 '문화재를 지키는 커다란 개 두 마리가 있습니다.'라고 쓴 현수막을 보며 뭔가 했는데, 조용한 산사에 이 녀석들이 오고 가는 사람들을 반갑게 맞이하기도 하고 혹시 문화재를 어찌하는지 지키기도 한다고 해. 하긴 백련사의 철조아미타여래좌상을 도둑맞았으니 그럴 만도 하지.

고려산 서쪽 끝자락에 적석사는 저물녘 풍경이 장관이야. 저쪽 외포리 바다까지 보이는 풍경이 과히 '적석사 낙조대'라 불릴 만하구나.

고려산 '적석사 사적비'의 창건 설화에는 적석사의 '감로정'이란 약수가 신비하다고 쓰여 있어. 신기하게도 1910년 나라를 일본에 빼앗긴 때는 갑자기 물이 말라 버렸고, 6·25 전쟁 때는 물이 탁해져서 먹을 수가 없었다고 해.

백련사는 고려산 북쪽 깊이 자리 잡고 있지. 봄이면 진달래를 보러 가는 관광객들 사이에서 백련사도 덩달아 인기가 있기도 해.

백련사에도 '백련사 철조아미타여래좌상'이 보물 994호로 지정되어 있어. 청련사는 목조, 백련사는 철조 불상이지.

▼ 적석사 낙조대

▲ 백련사 전경

그런데 백련사 불상은 보물로 지정된 그 해 아무도 모르게 떠났다지.

불상이 어떻게 움직이냐고?

누군가 데려갔겠지. 혼자만 불상 앞에서 빌어야 할 것들이 많았나 봐.

▲ 보문사 전경

신라 시대의 사찰

낙가산 보문사

보문사는 강화도 2개의 큰 섬 가운데 하나인 석모도 낙가산에 자리 잡고 있어.

얼마 전까지만 해도 강화도에서 배를 타고 갈 수 있는 곳이었지. 지난 2017년 6월 28일 석모대교가 개통되면서 이제는 배를 타지 않고 쉽게 갈 수 있는 가까운 거리가 되었어. 조금 일찍 보문사를 방문했다면 배에서 새우깡으로 갈매기들과 소통할 수 있었는데 말이야.

▲ 보문사 낙가산(위), 극락보전(아래)

보문사는 신라 선덕여왕 4년(635년)에 회정대사가 세웠다고 하는데, 관세음보살의 성스러운 기운이 서린 곳이라 하여 기도드리는 산으로 유명해. 낙가산의 '낙가'는 관세음보살이 계시다는 남해의 섬을 말한다고 하는구나.

절 마당 옆에 있는 거대한 자연 석굴에서 불상을 한번 구경해 볼까? 먼저 석굴 불상의 전설을 들어 보고 구경하면 더 좋을 거야.

옛날에 고기를 잡아서 살아가는 조그만 섬마을이 있었어. 비바람이 치는 날을 빼고는 마을 사람들은 항상 바다로 나가 물고기를 잡았지.

날씨가 좋은 어느 날, 마을 사람들은 바다에 그물을 던진 후 한참 만에 묵직해진 그물을 끌어올렸어. 그런데 그물 속에 고기는 한 마리도 없고, 돌덩이만 있는 거야.

"아니 이게 웬 돌덩이람."

마을 사람들은 투덜거리며 돌덩이를 바다에 버리고 다시 그물을 던졌지.

하지만 또 돌덩이가 걸려 온 거야. 실망한 사람들은 할 수 없이 고기를 한 마리도 잡지 못한 채 집으로 돌아오게 되었지.

그날 밤, 한 어부의 꿈에 수염이 길고 하얀 노스님이 나타났어. 스님은 어부에게 말했어.

"너희가 버린 돌덩이는 모두 불상이니라. 그 불상들을 좋은 자리에 모시면 복을 받을 것이다."

▼ 보문사 석실

다음 날, 마을 사람들은 다시 바다로 나가 그물을 던졌는데 역시 그 불상들이 올라온 거야. 사람들은 그 불상을 석모도의 제일 좋은 낙가산으로 가져가기로 했지.

석굴 근처에 이르렀을 때 갑자기 불상이 무거워져 꼼짝도 할 수 없는 거야. 부처님의 뜻이라 생각한 마을 사람들은 그 불상들을 내려놓고 석굴 안에 모시게 된 거지. 그래서 그곳을 '석굴나한전'이라고 부르고 있어.

▲ 보문사 맷돌

석굴 앞마당의 맷돌을 좀 봐라. 어처구니가 없네! 어이가 없네! 그래, 바로 저 맷돌이 어이가 없다고. 왜냐고? 맷돌이 너무 커서.

물론 지름이 70cm에 두께가 20cm나 되는 맷돌은 본 적이 없으니 그럴 만하지. 그런데 손잡이만 있으면 지금도 쓸 수 있을 것 같지 않니? 그래서 어이없다고 말한 거야.

'어처구니'는 맷돌의 손잡이 이름이거든. 말도 안 되는 상황에서 황당할 때 많이 쓰는 말로 보통 '어이없다'라고 하지.

석굴 앞마당의 저 맷돌은 정말 어이없다고 할 만큼 크기도 하고, 잘 보존되어 지금이라도 드르럭 드르럭 갈릴 것 같다. 이래 봬도 이 맷돌은 인천시 민속문화재 1호야.

자, 이제 눈을 들어 저기 낙가산을 바라보자. 낙가산에는 석불이 조각되어 있단다. 조금 힘들겠지만 우리 함께 올라가 보자.

눈썹바위에 새겨진 불상도 보고, 그 위에서 내려다보는 경치도 놓칠 수 없잖아. 아름다운 경치와 아득한 수평선의 넓은 바다를 보며 우리의 멋진 미래를 꿈꿔 보자.

마니산 정수사

정수사는 마니산 동쪽 기슭에 자리 잡고 있어.

좀 전에 낙가산 보문사를 회정대사가 세웠다고 했는데, 같은 시기인 신라 선덕여왕 8년(639년)에 회정대사가 정수사도 창건했다고 하는구나.

회정대사가 마니산 참성단에 왔다가 동쪽 기슭의 밝은 기운이 서린 땅을 보고 정수사를 세웠다네.

올라가는 길이 너무 아늑하고 좋구나.

쉿, 떠들면 안 돼! 정수사에 오르는 이 숲길은 어쩐지 조용히 사색하며 걸어야 할 듯하다.

정수사 법당도 전등사 대웅전과 마찬가지로 보물 161호로 지정되어 있어. 자그마한 절이 조촐하고 고즈넉한 저녁 풍경을 연상시키지만, 법당의 꽃살문은 아주 예쁘고 화려한걸. 마치 요즘 유행하는 '꽃길만 걷게 해 줄게'라는 노래처럼 저 문을 열고 들어가면 극락세계가 펼쳐질 것 같네.

사찰의 문살이 이렇게 예쁘니 임금님이 사시는 궁궐의 문살은 더 아름다울 것이라고 생각하겠지만 그렇지 않아.

▼ 정수사 전경

▲ 정수사 꽃살문

꽃살문은 불교에서 말하는 극락정토로 가는 통로를 의미하고 있어서 사찰에서만 쓰인대.

자세히 봐봐. 어느 화병에 담긴 꽃살문이 마음에 드니?

정수사 꽃살문은 다른 곳과 달리 꽃병에 담겨 있어. 4개의 문에 모두 다른 꽃병이 조각되어 있네.

보문사 석굴나한전의 기억이 아직도 새롭지만, 여기 정수사의 오백나한전 또한 절대 그냥 지나칠 수 없는 곳이지.

나한들의 표정을 보며 우리도 일상을 어떤 표정으로 살아가고 있는지 한번 돌아보면 좋을 것 같아.

보문사 석굴나한은 바다에서 건져진 전설을 갖고 있지만, 정수사 오백나한은 1979년에 조각하고 정성을 다해 축원하며 만들어 놓은 거라고 하는군.

맑은 물을 따라, 울창한 숲길을 따라 굽이굽이 돌 계단을 오르며 정수사에서 우리의 마음도 깨끗이 정화해 보자.

산길을 걸으면

– 권효순 –

좁다란 산길 따라 걸으면
이름 모를 산새들
재잘대는 노래 소리에
내 마음이 즐겁고

좁다란 산길 따라 오르면
바람결에 풍겨오는
흙냄새, 나무냄새에
내 마음이 새롭고

좁다란 산길 따라 내려오면
얼기설기 어울려 사는
나무와 풀들의 모습에
내 마음이 넉넉하고

출처: 권효순 (2014). 봄비는 초록비.

생각해 보기

- 500명의 나한 표정이 다 다르지만 인자한 미소가 있구나. 이웃과 함께하는 나눔의 마음으로, 어렵지만 할 수 있다는 긍정의 마음으로, 지금 이 순간이 가장 귀하다는 마음으로, 나한들의 표정을 찾아보는 것도 오늘을 사는 우리에게 큰 도움이 될 거라 믿는다.

고려

사회 교과서 5-2
76~95쪽
후삼국 통일 / 세계속의 고려

후삼국을 거쳐 고려로

우리는 지금 강화도를 여행 중이지. 선사 시대부터 삼국 시대의 사찰까지 강화도를 둘러보는 중이지만, 고려로 넘어가기 전에 잠깐 역사의 흐름을 알기 위해 후삼국의 얘기를 들으며 숨을 고르자.

통일 신라는 전쟁이 끝나자, 넓어진 영토와 늘어난 인구 덕분에 경제력이 성장하며 사람들이 풍족한 생활을 할 수 있었어. 하지만 세월이 흐르면서 나라의 기강은 무너지고 사회는 무척 혼란스러웠단다.

군사력을 가진 지방 호족들을 통제할 수 없을 정도로 정부는 무력해지고 지방에서는 독자적으로 지방을 다스릴 만큼 세력이 커진 호족이 새로운 나라를 세우기도 했어.

먼저, 900년에 견훤이 옛 백제 지역인 완산주(전주)에 도읍을 정하고 후백제를 세웠어. 원래 상주 출신인 견훤은 진성여왕 때 군인으로 복무했는데 당시 도둑 떼가 백성들의 재물을 약탈하고 지배하는 것을 보고 신라를 반대하는 세력을 모아 후백제를 세운 거야.

다음으로, 901년 궁예는 신라 경문왕의 서자 출신으로 유모가 길렀는데 잘못하여 한쪽 눈이 멀게 되었어. 보물섬의 후크 선장처럼 애꾸눈이 된 궁예는 절로 들어가 승려로 있었지. 그 후 양길의 부하가 된 궁예는 양길을 없애고 옛 고구려 남부 지역인 송악(개성)에 도읍을 정해 후고구려를 세웠지.

이렇게 해서 신라, 후백제, 후고구려의 새로운 후삼국 시대가 시작이 된단다.

이후 송악의 호족인 왕건이 궁예의 부하가 되어 여러 전투에서 공을 세우며 벼슬에 오르게 되지. 왕건은 궁예가 나라를 난폭하게 다스리자 그를 몰아내고 왕위에 오르며 고구려를 이었다는 뜻으로 나라 이름을 '고려'라 했어.

그래서 다시 신라, 후백제, 고려의 후삼국이 되었지.

한편 신라의 경순왕은 나라를 지탱할 힘을 잃게 되자 스스로 나라를 고려에 넘겨주었어. 935년에 고려에 항복하며 신라의 1000년 역사가 끝나게 된단다. 신라가 항복한 다음 936년에 후백제도 고려와의 전투에서 패하고 결국, 왕건이 후삼국을 통일하게 되지.

그래, 그렇게 해서 고려가 탄생하는 거야.

후고구려의 궁예와 후백제의 견훤을 물리치고 고려를 세운 왕건이 가장 중요하게 생각한 것은 북진 정책이었어. '고려'라는 나라 이름도 옛 고구려의 영토를 회복하고, 왕권을 강화하겠다는 뜻이 담긴 거야. 북진 정책은 왕건이 죽은 후 잠시 중단된 적도 있었지만, 고려 말까지 계속 이어졌어.

생각해 보기

• 신라의 삼국 통일과 고려의 후삼국 통일을 한번 생각해 보는 게 좋겠구나. 당시 신라는 자기 영토에 들어온 고구려 유민은 받아들였지만 다른 지역에 사는 고구려 유민은 통합하지 못했어. 하지만 고려의 후삼국 통일은 후백제와 신라를 통합하고 발해의 유민까지 받아들여서 이룬 민족 통일이었다고 볼 수 있을 것 같구나.

세계 속의 고려

고려를 세운 왕건의 집안은 개성을 중심으로 무역을 하는 집안이었어.

개성에서 예성강을 타고 바다로 나가면 가장 먼저 만나는 게 강화도야. 예성강으로 들어가는 길목에 위치한 강화도는 아마도 왕건의 영향력이 미친 곳이라고 생각할 수 있겠지.

고려의 국제 무역항은 개경 근처의 벽란도야. 예성강 하구에 위치하고 있어서 송나라와 아라비아 등에서 온 상인들에 의해 수입과 수출이 활발했단다. 개경은 국제적 도시라고 할 수 있는 거지.

그럼 고려의 수도 개경은 개성과 어떻게 다르냐고?

송악 = 개경 = 개성, 시대에 따라 부르는 도시 이름이 다른 것뿐이야. 개성이 원래 이름이고, 개경은 수도라는 의미의 '서울 경(京)'을 붙여서 고려의 수도이므로 개경이라 한 거지. 나중에 조선 시대에 와서 다시 개성으로 부르게 된 거야.

사실 궁예가 후고구려를 세울 당시 수도는 송악(개성)이었고, 왕건이 918년 처음 고려를 건국할 당시 수도는 철원이었어. 1년 후 자신의 터전이었던 개성으로 천도하게 된 거지.

그다음 1232년 몽골의 침입을 피해 강화도로 천도를 하게 되고 1270년에 다시 개경(개성)으로 환도해서 1392년 고려가 멸망할 때까지 고려의 수도로서 역사에 남게 되는 거야.

물론 강화도도 개경과 마찬가지로 고려의 어엿한 수도인 거지. 비록 몽골을 피해 온 것이긴 하지만 말이야. 그래서 이 기간을 '강도 시대'라 하고, 강화도에 고려의 문화 유적이 많이 남아 있는 거란다.

거기에 현재 개성은 자유롭게 다닐 수도 없는 곳이니, 고려의 문화 유적 연구나 역사 연구도 쉽지 않은 상황이지.

생각해 보기

• 현재 우리나라를 코리아(Korea)라고 부르게 된 시초가 바로 아라비아 상인들이라는구나. 프랑스어로는 코레, 독일어로는 코레아, 러시아어로는 까레야, 아랍어로는 코리아라고 부르는데 모두 다 고려에서 온 이름들이지.

아라비아 상인들에 의해 우리나라 이름이 서양에 전해져 '고려'에서 '코리아'가 되었다는 거야.

고려의 개방적인 대외 정책으로 우리나라가 코리아라는 이름으로 세계에 처음으로 알려지게 되었지.

그렇다면 세계 속의 코리아를 더욱 발전시키고 알리기 위해 우리는 어떻게 해야 할까?

북방 민족의 침입과 극복

사회 교과서 5-2
96~103쪽

3차에 걸친 거란의 침입

왕건은 훈요 10조를 남기며 나라의 안녕을 기원했지만 고려와 주변 나라들의 관계가 변하면서 북쪽 지역에 살던 북방 민족들과 대립하게 되었어.

간단히 얘기하자면, 북진 정책을 추진하던 고려와 거란은 사이가 좋지 않았지. 고려는 발해를 멸망시킨 거란을 적대시 했거든.

고려는 북진 정책을 실현하기 위해 거란보다 송나라와 손을 잡고 있었어. 반면, 거란은 송나라를 멸망시키기 위해 우선 고려를 정복하여 송나라와의 관계를 끊으려고 했지.

이런 상황에서 거란의 소손녕이 80만 명의 대군을 이끌고 고려에 쳐들어왔어. 하지만 서희의 외교 담판으로 정복은커

녕 강동 6주를 내어 주고 물러갔단다. 이게 거란의 1차 침입이야.

거란은 1차 침입 후 다시 고려를 칠 구실을 찾았고 거란의 임금이 직접 40만 대군을 이끌고 압록강을 건넌 거야. 결국 고려는 거란의 말발굽에 짓밟혔지.

현종은 나주로 피난을 가고, 거란군은 궁궐과 민가를 불태우며 노략질을 했지. 현종이 거란과 협상을 해 겨우 끝나게 되었어.

그 후로도 거란은 청천강 이북의 강동 6주를 돌려 달라는 무리한 요구를 해 왔단다. 우리는 당연히 들어주지 않았지. 여기까지가 거란의 2차 침입이야.

이렇게 2차 침입을 겨우 막아 내고 고려가 무신과 문신의 정권 싸움으로 조정이 혼란스러워지자, 이 틈을 타 소배압이 10만 명의 군사를 이끌고 압록강을 건너왔어. 이것이 거란의 3차 침입이야.

고려는 강감찬을 상원수로 거란과 맞서 싸웠지.

강감찬은 거란군이 오기 전에 흥화진 삼교천을 물이 적게 흐르도록 소가죽으로 막았어. 거란군은 그것도 모르고 삼교천에 발을 들여 놓았지. 거란군이 삼교천 중간에 이르렀을 때 소가죽을 찢었어. 물이 갑자기 불어나자 거란군은 물에 빠져 허우적거렸어.

거란군이 귀주에 이르자 강감찬이 이끄는 고려군이 갑자기 습격하여 거란군은 혼비백산해 대패했지. 이게 바로 그 유명한 '귀주 대첩'이야.

거란을 물리친 고려는 압록강에서 동해안까지 천리장성을 쌓아 외적의 침입에 대비하였단다.

낙성대의 강감찬

서울의 지하철역 이름 중에 '낙성대역' 알지? 그래! 지하철 2호선 전철역의 이름이지.

낙성대는 강감찬 장군이 태어난 곳이야. 그래서 낙성대역에 '강감찬 장군역'이라고 괄호 속에 같이 써 놓은 것이지.

낙성대는 강감찬 장군이 태어난 집터로, 태어나던 날 밤에 하늘에서 큰 별이 떨어졌다고 해서 붙여진 이름이야. '하늘에서 내린 아이'라는 별명을 가진 강감찬 장군에 대한 재미난 얘기를 들려줄게.

강감찬이 한양 판관으로 부임하자 그곳 관리들은 투덜거리기 시작했어.

그의 아랫사람들은 강감찬이 어리다는 이유로 무시하고 얕보았던 거지.

그러자 강감찬은 뜰에 세워둔 수숫대(수수의 줄기)를 그들의 소매 속에 넣어 보라고 했어.

어찌나 매서운 말투인지 관리들은 어쩔 수 없이 수숫대를 소매에 집어넣으려 애썼어.

한참을 애쓰던 관리들이 저마다 못하겠다며 아우성을 치자, 그제야 강감찬은 빙그레 웃으며 말했대.

"겨우 일 년 자란 수숫대도 소매에 다 집어넣지 못하면서 30년이나 자란 원님을 아전의 소매 속에 집어넣으려 하느냐?"

호통 소리에 놀란 관리들은 그 뒤로 다시는 강감찬의 흉을 보지 않았대.

전해 오는 이야기에서도 알 수 있듯이 강감찬 장군은 보통 사람이 아니었음을 알 수 있겠지?

여진의 침입

여진족은 고려가 출범한 시절부터 압록강과 두만강 일대에서 살고 있었어.

이들은 나라를 이룩할 정도로 문화가 발달하지 못했기 때문에 통일 국가는 세우지 못했고 일부는 고려, 일부는 거란의 지배를 받고 있었는데 완옌부가 여진의 중심 부족이 되면서 상황이 달라졌지.

고려를 부모의 나라로 섬기다가 세력을 넓혀 고려의 국경을 자주 위협하게 된 거야.

고려와 여진족이 이때부터 갈등이 커지기 시작했고 분쟁이 생기게 됐어. 본격적인 첫 전투는 1105년 2월에 벌어지는데 여진족을 너무 얕본 고려는 그만 전투에서 패하고 말았지.

고려는 윤관을 내세워 다시 여진 정벌을 시작했어.

윤관은 별무반이라는 기병 중심의 부대를 이끌고 가 여진족을 물리쳤지.

그 후 윤관은 여진족들을 평정한 땅에 성을 쌓도록 했고, 동북 지역에 총 9개의 성이 완성되었는데 이게 바로 동북 9성이야.

윤관은 고려 주민들을 그곳으로 이주시켰고, 고려의 영토가 다시 넓어지게 되었지.

하지만 동북 9성을 계속 지킬 수는 없었어. 여진족이 땅을 돌려 달라고 계속 고려를 괴롭혔기 때문이야.

여진은 집요하게 고려 국경 지대를 습격하고 약탈을 하면서 동북 9성을 돌려주면 다시 고려를 아버지의 나라로 모시겠다며 애원하기도 했지.

1109년 고려는 어쩔 수 없이 동북 9성을 다시 여진족에 돌려주게 되었어.

몽골의 침략과 고려의 저항

사회 교과서 5-2 100~113쪽

무신의 반란

자, 이제 본격적인 강화도 여행으로 돌아가기 전에 강화도가 고려의 수도가 되는 과정부터 살펴보자.

통일 신라 말기는 호족들의 세상이었던 걸 알고 있을 거야.

왕건은 왕이 된 후 지방의 힘 있는 호족의 딸을 아내로 맞아 그 지방을 장악하게 되었고, 호족들도 자신의 딸을 왕건에게 시집보내 중앙에서의 권력을 쥐고 싶어 했지.

그러다 보니 왕건은 부인을 29명이나 두게 되었고, 25명이나 되는 아들들이 서로 왕위를 물려받고 싶어 했을 테니 아무래도 고려 초기는 어수선했지.

왕건은 자신도 호족 출신이었지만, 자신이 왕인 된 이상 호족의 힘을 약화시켜야 왕권이 강화된다고 생각했어. 그 후 다른 왕들도 마찬가지였지. 그래서 문신들을 우대하고 무신들을 홀대하는 정책을 펴다 보니 무신의 세력은 약해지고 반면, 문신의 세력이 커지게 되는 것은 불 보듯 뻔한 일이었지.

귀주 대첩의 강감찬, 여진을 정벌한 윤관, 모두가 문신이었어. 서경 천도를 주장한 묘청의 난을 정벌하고 〈삼국사기〉를 쓴 김부식도 문신이었지.

이래저래 제대로 대접을 받지 못한 무신들의 분노가 마침내 터졌어. 무신들의 반란, 쿠데타! 그래 바로 군인들의 반란이 일어난 거지.

고려 18대 임금인 의종은 놀러다니는 것을 좋아했어.

그래서 의종 주위에는 임금의 행차를 어디로 할 것인지 장소를 정하고, 어떻게 하면 더 재미있고 흥겹게 놀 것인가를 주선하며 아첨하는 신하들이 가까이에 많았지.

의종은 그런 신하들과 술을 마시고 문신들과 시를 읊조리며 놀기에 여념이 없었어. 나중에는 법으로 팔관회를 장려해 사찰을 차례로 방문하며 놀이에 빠졌다는구나.

그럴 때마다 무신들은 임금을 호위하고 문신들의 눈치를 보며 그들의 신변을 보호하기 위해 애를 썼으니, 같은 신하라도 짜증이 났을 거야.

어느 날, 흥왕사에서 보현원으로 가는 도중 놀기 딱 좋은 장소가 눈에 띄자, 임금은 가던 길을 멈추고 즉석에서 잔치를 열었단다.

그때 술에 취한 의종이 무신들도 즐겁게 해주고 싶은 마음에 오병수박희(五兵手縛戱) 시합을 시켰어.

서로 붙들고 잡아당기며 상대방을 넘어뜨리는 경기인데, 무신들은 오랜만에 임금 앞에서 자신들의 힘을 자랑하고 싶었지.

그런데 쉰 살에 가까운 대장군 이소응이 젊은 무신과 시합을 하다 그만 지고 말았어. 젊은 무신을 당할 수가 없었던 거지.

이 모습을 구경하고 있던 문신 한뢰가 이소응 대장군의 뺨을 때리며 놀려 댄 거야. 그 바람에 대장군 이소응은 옆으로 쓰러졌지.

나이도 어리고 벼슬도 낮은 문신이 나이도 많고 벼슬도 높은 대장군에게 함부로 하는 이 모습을 보며 의종과 다른 문신들이 손뼉을 치며 웃었어.

너 같으면 어떻겠니?

우리가 길을 가다 내 실수로 넘어져도 엄청 창피한데, 넘어진 대장군을 보며 모두 웃어대다니.

이 사건으로 무신들은 자신들이 모욕을 당한 것 같아 분노가 폭발하기 일보 직전이 되었던 거지.

그날 밤, 보현원에 도착하자마자 '무신의 난'의 막이 올랐단다.

정중부를 중심으로 한 무신들은 의종을 따라온 문신들을 모두 죽이고, 궁궐로 쳐들어가 다른 문관들을 죽였어. 물론 의종도 거제도로 귀양을 보내고, 그의 동생 명종을 왕위에 올려놓았지.

이게 바로 '정중부의 난'이라고 하는 무신의 난이야.

무신들은 그동안 쌓아 온 불평불만을 단숨에 쏟아 냈지. 왕은 국가의 상징일 뿐, 권력은 무신들이 장악하고 무신정권 시대가 시작된 거야.

무신들이 정권을 잡기 위해 죽고 죽이는 일이 일어나고, 여기저기서 천민, 노비, 농민들의 반란이 연이어 일어나며 고려는 벌집을 쑤셔 놓은 듯했지.

몽골의 침략

고려 무신들이 권력 다툼을 벌이는 사이에 나라 밖에서는 몽골이 세계적인 대제국으로 성장하여 고려를 위협하고 있었어. 몽골은 아시아와 유럽 일부까지 정복한 세계 최강의 나라였지. 고려는 몽골의 침략으로 가장 큰 위기에 처하게 되었단다.

귀주 전투

처음 고려는 몽골의 합동 작전을 펼치자는 제안에 따라 몽골군과 함께 거란군을 소탕하는 등 고려와 몽골은 형제지국의 관계를 맺게 되었지.

하지만 몽골이 고려 조정에 사신을 보내 이번 거란족 소탕에는 자기들의 힘이 컸다며 자기 나라에 공물을 바칠 것을 요구한 거야.

이에 최씨 정권을 이끌던 최충헌의 아들 최우는 이를 못마땅하게 생각하여 의주, 화주 등지에 성을 쌓고 몽골의 침략에 대비했지.

그런데 고려에 왔다가 귀국하려던 몽골의 사신이 압록강에서 피살을 당하자 그걸 핑계로 고려와 국교를 끊고 고려를 침략한 거야.

고려의 군사와 백성들은 귀주성에서 몽골군의 공격을 막아 냈어. 이게 몽골의 1차 침입인 귀주 전투(1231년)야.

강화도 천도

이듬해(1232년) 몽골은 1차 침입 이후, 고려에 엄청난 공물을 바치라는 등 무리한 요구를 계속했어.

이에 고려 무신정권의 최고 권력자였던 최우는 몽골의 침입에 맞서 끝까지 저항하기로 결정하고 도읍을 개경에서 강화도로 옮기고 몽골과 싸울 준비를 하였지.

강화도는 해안의 지형이 험해서 적이 접근하기가 어렵고 도읍인 개경에 가까워서 방어하기에 좋은 군사적 요새라고 판단했으니까.

이때부터 강화도는 고려의 수도로, 몽골에 항복하고 개경으로 환도한 1270년까지 39년간 수많은 역사를 간직하며 고려 정치의 중심이 되었지.

당시 문신들은 개경이 고려의 수도라며 죽더라도 개경에서 끝까지 싸우자고 했지만, 고종 19년 집권자인 최우는 강압적으로 강화도 천도를 단행한 거야.

전쟁 기간 동안 몽골은 단 한 차례도 강화도에 쳐들어오지 못했으니 강화해협이 몽골에게는 어려운 지형이었음이 분명하지. 특히 유목 민족인 몽골이 말을 타고 싸우는 전투에서는 당할 적이 없지만 배를 타고 싸우는 데는 약할 수밖에 없었거든.

그 후 고려의 최우가 죽고, 아들 최항이 아버지의 뒤를 이어 권력을 잡고 자기 아버지와 마찬가지로 몽골에 대해 강경책을 폈지.

최항이 병이 들어 죽고, 뒤를 이어 최의가 무신들을 등에 업고 권력을 이어받았지.

하지만 이듬해 최의가 반대파 장군들에 의해 피살되면서 4대에 걸친 최씨 정권은 60여 년 만에 막을 내렸단다.

강경하게 몽골과 맞선 최씨 일가가 없어지자, 처음부터 강화도 천도를 반대하며 몽골과 화의를 주장해 오던 고종과 문신들이 대몽강화론을 들고 나왔지.

사신을 몽골에 보내 최의의 죽음을 알리고, 육지로 나올 것이며 도읍을 원래대로 옮길 것과 태자를 몽골에 보낸다는 조건을 내걸었단다.

1259년 태자는 대신들과 몽골로 가 항복의 뜻을 표하였어.

또한 몽골에 더 이상 항전하지 않겠다는 조건으로 몽골의 강압에 의해 강화도의 성을 부술 수밖에 없었단다. 지금까지 애써 쌓은 성까지 부수라고 한 건 좀 너무한 것 같다.

고려는 당시에 새롭게 천도한 강화도를 지키려고 많은 준비를 했어. 내성과 외성을 쌓고 중성까지 쌓아 방비를 철저하게 했단다.

해안 방어를 위해 강화도 동쪽 해안에 외성을 쌓았지. 강화 중성은 내성과 외성이 완성되고 얼마 후 내성을 보강하기 위해 쌓은 토성이야. 개경으로 환도할 때 몽골의 강요로 모두 헐리고 말았으니 정말 아까운 일이지.

이후 조선 시대에 다시 성을 쌓아 현재에 이르게 된 거야. 현재 돌로 쌓은 내성은 조선 시대에 다시 쌓은 것이지.

그럼, 이제부터 강화도에서 이러한 고려의 역사를 순차적으로 돌아보도록 하자.

생각해 보기

• 몽골의 침략으로 고려는 개경에서 강화도로 도읍을 옮기고, 대몽항쟁에 들어갔지. 그런데 개경에서 몽골군과 맞서 싸우는 게 옳았을까? 아니면, 강화도 천도가 옳은 선택이었을까?

고려 역사의 발자취

강화도와 고려 문화 I

사회 교과서 5-2 104쪽

강화도의 고려궁지

고려 왕조가 몽골의 침입으로 개경에서 강화도로 도읍을 옮긴 건 앞에서 설명했었지? 이제 강화도의 고려 궁궐을 찾아가 보자.

위치는 북산 바로 아래에 있어. 주소는 강화읍 관청리로, 아마 궁궐이 있었던 터라 '관청리'가 아닐까 싶군.

도읍을 옮겼으니 개경만은 못하더라도 근사한 궁궐이 있을 거라고 기대하겠지만, 아쉽게도 궁궐은 없고 궁궐이 있었던 터만 남아 있어. 그래서 '고려궁지(高麗宮址)'라고 한단다.

고려궁지는 고려가 몽골의 침략에 대항하기 위해 도읍을 강화도로 옮긴 1232년부터 다시 환도한 1270년까지 사용된 궁궐터야.

1270년 몽골에 항복하고 개경으로 수도를 옮기면서 모두 허물어져 그 터만 남게 된 거지. 지금 앞에 보이는 건물은 조선 시대의 관아가 있던 자리로 현재 동헌과 이방청의 자리라고 하는구나. 하여튼 고려의 궁궐 구경은 할 수 없고, 아쉽게 그 터만 보고 가는구나.

고려 능묘 홍릉

고려의 수도였던 개경, 지금의 개성에는 태조 왕건의 능을 비롯하여 많은 왕의 능이 있겠지만 현실은 가서 볼 수도 없는 상황이야.

강화도도 39년간 고려의 수도였기 때문에 왕과 왕비를 비롯한 귀족들의 무덤이 꽤 있을 거라고 생각하는데, 생각 외로 몽골에 항복하며 제대로 관리가 되지 않아 지금은 네 군데에 능이 있어.

▼ 고려궁지

▲ 홍릉

우선 무신정권 때 최충헌의 횡포를 막으려고 모의했다가 실패해서 강화 교동으로 유배되어 세상을 떠난 희종(21대)의 능인 석릉이 있어.

또 몽골에 대항하던 고려 강도 시절, 고종(23대)의 어머니 원덕태후의 능인 곤릉, 고종의 며느리인 순경태후의 능인 가릉, 그리고 고종의 능인 홍릉이 있어.

강화 나들길 3코스가 왕릉으로 가는 길인데 양도면 가릉에서 출발하면 석릉, 곤릉을 쉽게 볼 수 있지.

우리는 4기의 능 중 뚝 떨어져 고려산 남쪽 중턱에 위치한 고종의 홍릉을 돌아보자.

경주나 공주에서 본 능과는 비교도 안 되지? 왕릉치고는 관리가 너무 소홀한 것 같구나. 일제 강점기에 도굴과 6·25 전쟁의 피해로 관리를 제대로 하기가 어려웠겠지.

원래 홍릉의 보호 사찰이 있던 절터마저 없어져 아쉽지만 그래도 석인상이 좌우에서 지켜주는 것 같아 조금 위로가 되기도 하네.

고종은 몽골의 침략을 받아 강화도로 피신을 왔고, 68세를 일기로 강화도에서 숨을 거두었어. 무신정권의 한가운데 서서 제대로 정사를 펼쳐 보지도 못했는데 죽어서조차 다시 원래의 도읍으로 돌아갈 수 없었던 비운의 왕이지.

그는 45년 10개월 동안 안으로는 최씨 무신정권에 시달리고, 밖으로는 여진과 몽골의 숱한 침입을 겪어 온 불행한 임금이었어. 그러나 왕위를 끝까지 지킴으로써 권력이 임금에게 돌아오는 계기를 만들어 준 셈이야.

강화산성

몽골의 침입으로 백성과 국토가 수난을 당하자, 당시 실권자인 최우는 1232년 강화도로 수도를 옮기며 왕궁과 성, 관아 시설을 개경의 궁궐과 비슷하게 짓고 궁궐을 건립할 때

도성 일부도 함께 세웠어.

강화산성은 강화읍을 둘러싸고 있는 산성으로, 1232년에 축성되어 39년간 몽골의 침략에 대항한 도성이야. 하지만 고려 원종 때 몽골과의 화의가 성립되자 그들의 강요에 의해 헐렸고, 이후 강화의 방어를 튼튼히 하려고 조선 전기에 석성으로 개축되었지. 1637년 병자호란 때 일부가 파손되어 1652년에 다시 보수를 한 거야.

중성은 내성과 외성이 완성된 후 내성을 보강하기 위해 쌓은 토성으로, 성문의 이름들도 송도 성문의 이름을 따서 지었지. 하지만 지금은 제대로 위치나 형태가 파악되지 않는다는구나.

외성도 토성으로 축조되었고 외적으로부터 해안 방어를 위해 1237년에 강화도 동쪽의 해안선을 따라 쌓았다는군. 이 성을 쌓으려고 얼마나 많은 백성들이 땀을 흘렸을까.

몽골에 대한 강화도의 방비는 확실히 한 것 같은데, 그 외 고려 땅의 방어는 어찌할 거냐.

강화도의 동문은 망한루, 서문은 첨화루, 남문은 안파루, 북문은 진송루야. 강화도 4대문은 강화산성이 완공되는 조선 시대 숙종 임금 때인 1711년 무렵 세워진 거야.

당시 망루였던 남장대가 복원되었고, 북장대는 현재 터만 다듬은 상태구나.

강화산성 동문

남문

북문

서문

<여기서 잠깐> 강화부궁전도

강화부궁전도는 1866년 병인양요로 인해 소실된 궁궐을 복원하기 위해 고종이 1881년 모사한 것이지.

앞에서 고려궁지는 고려가 몽골의 침략으로 도읍을 강화도로 옮긴 1232년부터 1270년까지 사용된 궁궐터라고 배웠지? 강화도로 도읍을 옮겼으니 근사한 궁궐이 있을 거라고 기대하고 있었는데, 막상 가보니 궁궐이 있었던 터만 남아 있

출처: 강화 옛 지도 (2008). 강화군청.

어서 실망했었잖아.

그래서 '강화부궁전도'를 준비했어.

강화부궁전도는 1866년 병인양요로 인해 소실된 행궁과 외규장각, 장녕전, 만녕전 등을 복원하기 위해 고종이 1881년 모사한 것이라고 해.

원래 강화부궁전도는 모두 4폭의 절본식으로 되어 있는 채색도첩이야. 위의 그림은 각각 1장으로 그려진 4폭의 그림을 합성한 것이란다.

고려 문화의 발전

강화도와 고려 문화Ⅱ

사회 교과서 5-2
104~114쪽

팔만대장경과 금속활자

자, 세계문화유산인 팔만대장경의 고향을 답사해 볼까?

팔만대장경의 고향은 바로 강화도야.

몽골의 침입은 많은 문화재를 불태웠는데, 특히 거란의 침략을 막아 달라는 염원으로 수십 년에 걸쳐 처음으로 만든 대장경이 불타 없어지게 되었지.

처음으로 만들어졌다고 해서 '초조대장경'이라고 했는데 부처님의 말씀이 불타 없어졌으니 백성들의 마음은 부처님이 고려를 버렸다는 절망감에 사로잡혔을 거야. 그 당시 불교는 국가는 물론 백성들의 정신적 지주였으니까.

그래서 당시 최고 권력자였던 최우가 대장경 조성사업을 시작하게 되는데, 최우는 자신의 재산을 쏟아부으며 대장경

제작에 정성을 다했다고 해. 그게 바로 다시 만든 '재조대장경(팔만대장경)'이야.

그런데 최우는 왜 대장경 사업에 온 힘을 쏟았을까? 불심을 통해 백성들의 마음을 모아 국난을 극복하려고? 불안한 민심을 달래려고? 아니면 강화도로 천도해 버린 것에 대한 백성들의 불만을 달래기 위해?

아마도 부처님의 힘으로 몽골의 침략을 물리치고자 했던 간절한 바람이었겠지. 어찌 됐건 16년이란 긴 세월에 걸쳐 사업이 진행되었어. 최우는 대장경을 보지 못하고 죽고 그의 아들 최항 때에 와서야 대장경이 완성되었지.

최우가 부처님의 힘을 빌어 몽골족을 물리치려는 목적으로 판각했던 팔만대장경이 해인사로 가기 전 선원사라는 사찰에 보관된 적이 있다고 알려져 있어.

선원사는 고려의 강화도 정부 시절 최우가 자신을 위해 세운 절로, 1245년에 창건되었지. 당시에는 수선사(현재의 송광사)와 함께 2대 사찰로 손꼽혔을 만큼 가장 큰 절이기도 했다는구나.

지금은 절터만 남아 있어 아쉽지만 선원사 터를 한번 둘러보고 가자.

▲ 선원사지

너무 허허벌판이라구?

그래, 이 허허벌판에 선원사가 있었으니 얼마나 큰 사찰이었는지 알겠지? 이 정도는 돼야 판각 작업을 할 수 있었을 거야.

팔만대장경의 공식 명칭은 '합천 해인사 대장경판'이야. 1251년에 완성하여 지금은 합천 해인사의 대장경판전에 잘 보관하고 있어.

중국 등 다른 나라도 대장경이 제작되었는데 우리 팔만대장경이 내용이나 완성도에서 가장 우수하다고 해. 그래서 우리의 팔만대장경이 세계문화유산이 되었지.

잘 만들어지기도 했지만 보관도 중요하거든. 대장경을 보관하는 곳이 온도와 습도가 적절해야 되는데 지금의 해인사 대장경판전은 대장경을 완벽하게 보호하고 있다는구나. 그래서 대장경이 보관되어 있는 해인사 대장경판전도 세계문화유산이야.

고려 시대에 세계적으로 자랑할 만한 문화재를 대표적으로 꼽는다면 무엇이 있을까?

팔만대장경, 고려자기라고? 그래, 모두 맞아.

그리고 또 하나는 금속활자의 발명이야.

고려의 강화도 정부 시절에 대장경 조판이 이루어지면서 고려는 세계 최초의 금속활자를 발명했어.

세계에서 가장 오래된 목판 인쇄물은 통일 신라 시대에 제작된 '무구정광대다라니경'이야. 통일 신라 시대부터 발달한 인쇄술이 고려 때에 와서 세계 최초의 금속활자를 발명하며 꽃을 피운 거지.

금속활자로 인쇄된 최초의 인쇄물은 1234년쯤 고려의 도읍이었던 강화도에서 찍어낸 〈상정고금예문〉이야.

고려는 참혹한 전쟁 속에서도 그동안 전해 내려오는 도덕

규범을 모아 편찬한 〈상정고금예문〉을 금속활자로 찍어 내는 등 찬란한 문화를 만들어 냈어.

서양의 구텐베르크가 금속활자로 성서를 인쇄한 1452년보다 무려 200년이 앞선 인쇄술로 출판되었다는 것은 강화도의 자랑이자 대한민국의 자랑이지.

어때? 자부심과 자긍심이 느껴지지?

원래 우리 민족이 뛰어나잖아. 그 증거가 있냐고?

실제로 책은 전해지지 않지만, 고려의 대표적 학자인 이규보의 〈동국이상국집〉에 '최윤의의 〈상정고금예문〉이 최충헌의 집에 전해 오던 것을 주자로 28부를 인쇄했다.'라고 적혀 있는 기록이 그 증거야.

강화대교를 건너며 만나는 갑곶돈대 안에 말없이 서 있는 기념비가 하나 있지? 그게 바로 '세계금속활자발상중흥기념비'야.

어느 날, 〈상정고금예문〉이 떡하니 발견되었다는 소식이 전해지면 참 좋겠다.

▲ 장정리 오층석탑

장정리 오층석탑

십 원짜리 동전을 자세히 보면 탑이 있어. 이 탑은 무슨 탑일까? 경주 불국사의 다보탑이라고?

그래, 맞아. 불국사에 석가탑과 다보탑이 있는데, 십 원짜리 동전에는 다보탑이 새겨져 있지.

그러면 이번에는 이 석가탑이나 다보탑과는 비교도 안 되는 장정리 오층석탑을 보러 가자.

그런데 탑을 보니 실망이라고? 정말 다보탑과 비교도 안 될 정도로 형편없어 보이겠지만, 이래 봬도 이 탑은 보물 제10호로 강화도에서 만날 수 있는 고려 시대의 유일한 탑이란다.

비록 탑의 상륜부는 아예 없어지고 탑의 돌들이 많이 손상되었지만, 그만큼 역사의 아픔을 견뎌 온 흔적이라고 할 수 있지. 기특하고 대견해 보여 쓰담 쓰담 해 주고 싶은걸. 그나마 쓰러져 있던 이 탑을 바로 세워 이 정도라도 추슬러 놨으니 다행이지.

오층석탑이 있다면 여기가 사찰이 있었던 자리라 추정해 볼 수 있지 않을까? 절에 가면 탑이 꼭 있는 것처럼 말이야.

그래서 일부 역사학자들은 이 석탑 주변에 봉은사 절터가 있었을 거라 추측하기도 하지. 봉은사는 개경에 있던 태조 왕건의 절로 강화도로 천도하면서 옮겨 왔지만 여기가 거기인지는 아직 불확실해. 봉은사 터가 맞는지는 좀 더 연구가 필요한 부분이야.

장정리 오층석탑! 앞으로도 계속 우리 삶을 지켜봐 줘. 통일이 되는 날, 너랑 같은 시대의 친구들 소식을 들을 수 있을 테니까.

삼별초 호국항몽유허비

삼별초 호국항몽유허비를 보기 전에 우선 삼별초 공부를 좀 해야겠다. 아는 만큼 보이니까!

삼별초는 최씨 무신정권의 사병이야. 강화도로 천도한 최우는 부대를 둘로 나눠 좌별초와 우별초로 편성하고, 거기에 몽골에 끌려갔다가 돌아온 고려의 병사들로 이루어진 신의군까지 합쳐 삼별초라 불렀지.

강화도 정부 시절 삼별초는 무신정권과 왕의 호위 부대였어. 그런데 왜 삼별초 대몽항쟁 기념비를 세웠냐고?

이제부터 눈을 크게 뜨고 어떤 시각으로 봐야 하는지 생각하며 얘기를 들어 보렴.

삼별초는 최씨 무신정권 유지를 위한 친위 부대였지만 고려가 몽골에 항복하자 그때부터 실제적 대몽항쟁을 시작하게 돼. 최의가 살해되고 무신정권이 무너지자, 원종 임금은 몽골에 항복하고 개

▲ 삼별초 호국항몽유허비

경으로 환도할 뜻을 굳히며 삼별초의 해산을 명한 거야.

몽골과 강화를 맺고 수도를 개경으로 환도하여 고려를 다시 일으켜 세운다는 명분을 내세웠지. 하지만 삼별초는 이것을 받아들일 수가 없었어.

삼별초는 배중손을 중심으로 개경으로 돌아가는 것을 거부하고 몽골과 계속 싸우기로 했지. 강화도에서 진도 용장산성으로 옮기고 남해안 지역에서 세력을 떨쳤어.

그러다가 고려와 몽골의 연합군에게 배중손이 죽고 진도가 함락되자 김통정 장군의 지휘 아래 다시 제주도 항파두리성으로 옮겨 항쟁하였으나 결국 진압되었지.

제주에서 패한 삼별초 군사들은 어디로 가야 했을까? 강화도에서 진도, 진도에서 제주도, 제주도에서 갈 데까지 갔으니 이번엔 일본?

일본의 오키나와 등에서 고려 기와 수막새 모양 등의 문화재가 출토되고 있다고 하니, 아마도 일본에 정착하지 않았을까 싶네.

결국 전투에 참여한 장군과 병사들은 거의 우리 고려의 백성들이었을 테니까 우리끼리 죽고 죽이는 아픔을 겪은 셈이 되는 거지.

그래서 몽골에 저항한 삼별초를 기리기 위하여 1993년 강화도에 '삼별초 호국항몽유허비'를 세웠지.

여기서 돌발 퀴즈 하나!

삼별초 출항지로 추정되는 여기 외포리 선착장 부근에 삼별초의 호국 정신을 계승하고자 삼별초 호국항몽유허비와 함께 세워진 이것들은 무엇이며, 무엇을 의미하는 걸까?

딩동댕~! 맞아!

답은 진돗개와 돌하르방이야.

진돗개는 진도, 돌하르방은 제주도를 의미하는데 모두 삼별초의 전적지였지.

생각해 보기

• 삼별초의 존재에 대한 우리의 생각을 이야기해 보자.

– 원종 임금 : '삼별초 = 최씨 무신정권'이라는 인식을 지울 수 가 없어. 삼별초를 그냥 두는 것은 무신정권의 불씨를 남기는 것이야.

– 삼별초 : 우리는 그동안 대몽항쟁을 해 왔어. 항쟁이야말로 민족의 자존심을 지켜 내는 것이야.

조선의 건국

사회 교과서 5-2
126~137쪽

이성계와 위화도 회군

자, 이제 조선으로 넘어가 보자.

강화도는 조선의 역사를 얼마나 담고 있을까?

우선, 조선이 건국되는 과정을 조금 공부하고 나서 강화도에서 조선의 역사를 다시 훑어보자.

'위화도 회군'이라고 들어는 봤니?

중국 요동을 정벌하려고 북쪽으로 향하던 신흥 무인 세력이 압록강 하류의 위화도에서 군사를 돌려 정변을 일으키고 권력을 잡은 사건인데, 그 중심에 선 이성계를 비롯한 신흥 무인 세력과 신진 사대부는 권력을 잡게 되지.

정변이라면 반역을 꾀한 거냐고?

그런 셈이지. 명령에 불복종하고 되돌아왔으니.

하지만 그들에게도 되돌아선 명분이 있었단다. 그게 뭔지 궁금하지? 흔히 이성계의 '4대 불가론'이라고 하지.

당시 중국은 원나라와 명나라가 교체되는 혼란을 겪고 있었는데 1368년 주원장이 난징에서 황제로 즉위하면서 건국한 명나라는 원나라(몽골)를 압박하면서 북벌을 개시한 거야. 중국 본토를 차지한 명나라는 고려의 공민왕이 회복한 철령 이북의 땅을 다시 반납하라는 억지를 부리고 나섰어. 그러자 고려는 명나라를 치기로 했지.

최영 장군의 명령을 받고 명나라를 치려고 북쪽으로 가던 이성계는 위화도에서 장마를 만나 섬에 갇히게 되었어. 군대를 더 이상 전진시킬 수 없게 되자 회군을 해야겠다는 내용의 연락을 고려 조정에 취했지.

그러나 우왕과 최영은 이성계의 회군을 허락하지 않은 거야. 애초에 원치 않는 전쟁 길에 올랐던 이성계는 왕명을 거역하고 '4대 불가론'을 내세우며 결국 군대를 회군시켰어.

첫째, 작은 나라가 큰 나라를 칠 수 없다.

여기서 작은 나라란 군사나 경제가 작다는 것이 아니라 동생이 형을 공격해서는 안 된다는 유교사상이 바탕이 된 것이겠지. 성리학적 지식을 가진 신진 사대부들의 지지를 얻고자 했던 건 아닐까?

둘째, 여름철에 군사를 동원하는 것은 부적당하다.

전쟁을 일으키게 된다면 한참 일해야 할 농부들을 싸움터에 보내야 하고, 장기적인 싸움이 되면 결국 나라가 패망하는 길이 될 수 있기도 하지. 하지만 봄은 봄대로, 여름은 여름대로, 가을은 가을대로 농부들이 싸움터로 나가야 하는 것은 언제나 적당하지 않지.

셋째, 요동을 공격하는 틈을 타서 남쪽에서 왜구가 침범할 우려가 있다.

공감이 가는 부분이지. 틈만 나면 노략질을 일삼은 왜구가 들이닥칠 수도 있으니까.

넷째, 무덥고 비가 많이 오는 시기라 활의 아교가 녹아 무기로 쓸 수 없고, 병사들도 전염병에 걸릴 염려가 있다.

당시 활은 우리의 대표적 무기인데, 여름철 활의 아교가 녹아 활을 제대로 쏠 수 없다면 싸움은 진 거나 다름없지. 또 아무래도 장마철은 전염병이 많으니 이것도 맞는 말인 거 같다.

핑계 같지만 나름 납득이 전혀 안 가는 것도 아니군.

아무튼 이렇게 4가지의 불가론을 내세우며 이성계는 최영 장군의 명을 거역한 채 요동으로 가는 길목에서 병사들을 회군시킨 거지.

이성계와 정도전

위화도 회군을 통해 이성계를 비롯한 신흥 무인 세력과 신진 사대부는 권력을 잡게 되었어. 그중 이색, 정몽주 등 신진 사대부들은 고려 왕조를 유지하면서 개혁할 것을 주장하였고, 정도전, 조준 등은 고려를 무너뜨리고 새 왕조를 세울 것을 주장했어.

어떤 것이 옳았을까? 집을 새로 짓는 게 나을까? 아니면 있는 것을 활용하면서 리모델링하는 게 나을까?

새로 짓다 보면 쓸만한 것을 버리게 되는 점이 있을 것이고, 리모델링을 하다 보면 옛것에서 벗어나지 못하는 점이 있을 거야.

결국 새 왕조의 수립을 반대한 세력이 제거되고, 이성계는 왕위에 올라 1392년 '조선'이라는 새 왕조를 세웠단다. 고조선을 계승한다는 뜻에서 나라 이름을 조선이라고 했어.

나라의 모습과 분위기를 새롭게 하려고 도읍도 새로 정했지. 한때 고려의 남경이었던 한양(서울)으로 도읍을 옮겨 한성이라고도 불렀지.

한양은 나라의 중심에 있으며 한강이 있어서 교통이 편리하고 산으로 둘러싸여 외적 방어에도 유리했어. 또 주변에 넓은 평야가 있어 도읍으로 딱이었지. 지금까지 이어져 오는 서울의 역사야.

이성계와 함께 조선을 세운 신진 사대부는 새로운 나라에 맞는 제도를 만들고자 했지. 그 중심에 있었던 사람이 정도전이야.

정도전은 이성계를 도와 조선 건국에 기여한 인물이야. 그는 백성들을 힘들게 하는 권문세족의 횡포, 왜구의 침략을 제대로 방어하지 못했던 고려의 국방력을 보며 새롭게 나라의 틀을 바로 세우고자 했어.

임금은 백성을 위한 정치를 하려고 노력해야 하며 이를 위해서는 민심을 잘 알고 있는 재상에게 정치를 맡겨야 한다는 것이 정도전을 비롯한 많은 신진 사대부의 생각이었어.

정도전은 이성계를 도와 조선을 건국하고 새로운 도읍인 한양을 건설하는 데 중요한 역할을 했어. 유교의 가르침에 따라 나라를 다스려야 한다고 주장하며 유교 정신을 담아 경복궁, 종묘, 사직단 등의 위치와 이름을 정했지.

또 도성 둘레에 성곽을 쌓아 동서남북에 사대문을 만들고 유교에서 강조하는 덕목을 반영하여 사대문의 이름도 붙였단다. 동쪽에 흥인지문, 서쪽에 돈의문, 남쪽에 숭례문, 북쪽에 숙정문이 그거야.

생각해 보기

• 정도전은 뛰어난 재상이 왕을 도와 나라를 다스려야 한다고 생각했어. 하지만 정도전의 이러한 의견에 모든 사람이 전부 동의하지는 않았어. 특히 태조의 아들 이방원은 나라의 중심은 재상이 아니라 왕과 왕실이 되어야 한다고 생각했지. 여기서 정도전의 재상 중심과 이방원의 왕권 중심의 장·단점에 대해 생각해 볼까?

이방원과 정몽주

정몽주도 정도전과 마찬가지로 고려 말의 문제점을 비판적으로 인식하기는 했지만, 온건한 개혁으로 고려를 바르게 세우고자 했어.

고려의 잘못된 부분을 하나하나 고쳐서 고려 왕조가 되살아나길 바라며, 조선의 건국에는 참여하지 않았어.

우리 여기서 시조 한 수 읊고 가자. 먼저 이방원이 정몽주에게 새로운 나라를 위해 함께하자며 '하여가'를 한 수 읊지.

이런들 어떠하리 저런들 어떠하리
만수산 드렁칡이 얽혀진들 어떠하리
우리도 이같이 얽혀서 천년만년 지내리라.

그러자 정몽주가 고려를 버리지 못하겠다고 대답하며, 시조 '단심가'로 답을 하지.

이 몸이 죽고 죽어 일백 번 고쳐 죽어
백골이 진토 되어 넋이라도 있고 없고
임 향한 일편단심이야 가실 줄이 있으랴.

결국 정몽주는 이방원의 뜻을 거역하고 끝까지 고려를 지키려다 선죽교에서 그만 목숨을 잃게 되는 거야.

조선의 기틀을 잡은 태종 이방원

태종(이방원)은 정도전, 정몽주 등을 모두 없애고 왕권을 강화하기 시작했어. 그러기 위해서 무엇이 제일 필요했을까?

그렇지. 신하들이 개인적으로 거느리던 병사를 없애고 군권을 중앙 정부가 갖고 있어야 하겠지?

또 나라를 효과적으로 다스리기 위해 전국을 8개의 도로 나누고 왕을 대신하는 관찰사를 파견하여 왕이 직접 지방을 다스리는 효과를 얻고자 했단다.

그러면 조선 시대의 전국 8도를 알아볼까?

주요 고을의 머리글자를 따서 각 도의 이름을 정했거든. 함길도는 함흥과 길주, 평안도는 평양과 안주, 황해도는 황주와 해주, 강원도는 강릉과 원주, 충청도는 충주와 청주, 경상도는 경주와 상주, 전라도는 전주와 나주.

그럼 경기도는 주요 고을이 어디냐고?

경기도의 경은 '서울 경(京)'자야. 서울 왕이 사는 도읍의 주변 지역을 말하는 거지. 엄마가 어렸을 적 강화도는 경기도에 속했는데 지금은 인천광역시에 속해 있지.

또 태종은 16세 이상의 남자는 모두 호패를 차고 다니도록 했어. 주민등록증 비슷한 거로 생각하면 쉽게 이해가 될 거야. 그래서 인구도 파악하고 세금도 잘 걷을 수 있었지.

태종은 이러한 제도 정비를 통하여 왕권을 강화하고 사회를 안정시킨 거지.

조선 건국에 중심이 되었던 신진 사대부들은 고려 말에 불교가 타락해 가는 것을 보고 불교를 비판했어. 그래서 조선은 불교를 억압하고 윤리와 명분을 강조하는 유교를 숭상하며 유교 정신에 따라 나라를 다스리고자 했단다. 이게 '억불숭유'라고 하는 거야.

서당에서는 천자문이나 소학 등을 통하여 한자와 유학을 가르치고, 지방에는 향교를 세우고, 한양에는 오늘날의 대학에 해당하는 최고 교육 기관인 성균관을 두었지.

지금 서울의 성균관대학교에 당시의 성균관인 명륜당이 있단다.

▼ 강화향교 대성전

조선의 문화와 과학의 발전

사회 교과서 5-2 138~145쪽

훌륭한 임금, 세종대왕

우리나라 역사상 가장 훌륭한 임금인 세종대왕 얘기를 들어 볼래? 세종은 태종의 뒤를 이어 조선의 네 번째 왕이 되었어. 태종의 셋째 아들임에도 왕위를 물려받을 정도로 어렸을 적부터 지혜롭고 총명했던 거야.

세종은 조선의 안정과 발전을 위하여 많은 노력을 했지. 명나라, 일본, 여진 등과 적절한 외교 관계를 맺으며 문화와 과학을 발전시킨 위대한 왕이야.

나라말이 중국과 달라서 문자와 서로 맞지 않는다. 이에 어리석은 백성들이 말하고 싶은 것이 있어도 자신의 뜻을 제대로 전하지 못하니, 내가 이를 가엾게 여겨 스물여덟 글자를 만들었다. 이것을 사람마다 쉽게 익혀서 쓰기 편하게 하려는 것뿐이다.

이 글은 세종대왕이 훈민정음을 만든 이유를 설명한 거야.

네가 싫어하는 한자, 어려워하는 한자는 옛날 우리 조상들도 어려워했단다. 당시 양반들은 한자를 사용했지만 일반 백성들은 생활에 불편이 많았어.

세종대왕은 백성들이 한자가 너무 어려워서 배우기가 쉽지 않다는 것을 알고, 새 글을 만들어야겠다고 생각한 거지.

세종대왕은 젊은 학자들이 학문 연구에 몰두할 수 있도록 집현전을 운영하며 집현전 학자들과 몇 년 동안 한글을 만드는데 열중하여 마침내 훈민정음을 만들어 낸 거야.

석가모니의 일대기를 다룬 〈석보상절〉, 석가모니의 공덕을 찬송하는 〈월인천강지곡〉, 나라를 세운 업적을 적은 〈용비어천가〉 등을 한글로 적어 훈민정음을 널리 알리는 데 힘썼단다.

생각해 보기

• 훈민정음은 과학적인 원리에 따라 만들어져 배우기 쉽고, 거의 모든 소리를 적을 수 있는 독창적인 문자야. 현재 세계기록유산으로 등재된 자랑스런 우리의 글자지. 우리 한글이 세계 공용어가 될 수 있는 날이 왔으면 참 좋겠다. 그렇지?

세조와 사육신

'태정태세문단세 예성연중인명선

광인효현숙경영 정순헌철고순'

우리가 조선 시대 왕의 첫 자를 따서 '비행기' 노래에 맞춰 불렀던 거 기억하지?

태조 이성계에 이어 이성계의 둘째 아들로 제1차 왕자의 난 때 세자로 책립된 정종이 2대 왕, 이방원이 태종 3대 왕, 태종의 셋째 아들 충녕대군이 4대 왕인 세종, 세종의 큰아들인 문종이 5대 왕, 문종의 아들 단종이 6대 왕, 계유정난을 일으키고 조카인 단종의 왕위를 찬탈한 세종의 둘째 아들 수양대군이 7대 왕 세조야.

세종대왕의 뒤를 이어 큰아들인 문종이 왕위에 오르자 황보인과 김종서 등을 중심으로 하는 의정부에서 중요한 나라의 일을 결정하기 시작했어.

몸이 약한 문종이 죽고 그의 아들 어린 단종이 왕위에 오르자 김종서는 단종을 보호한다는 구실로 모든 일을 자신을 중심으로 처리했어. 그러다 보니 왕의 권한은 약해질 수밖에 없었지.

한편, 왕실에서는 수양대군과 안평대군이 저마다 힘을 키우며 주변 사람들을 모으고 왕위에 대한 욕심을 드러내기 시작했어.

수양대군은 단종이 왕위에 오른 지 5개월 만에 김종서를 죽이고, 경쟁자인 안평대군을 강화도로 귀양 보내 죽게 했단다. 이게 '계유정난'이야.

수양대군은 거기서 그치지 않고 결국 단종을 몰아내고 왕위를 차지했지.

그때 정의롭게 나타난 이들이 있었지. 바로 그들은 집현전 학자들이었어. 성삼문 등 집현전의 학자들은 한 임금을 모시는 것은 신하의 당연한 도리라고 생각했어. 또 단종의 아버지인 문종의 부탁도 잊을 수가 없고, 단종의 할아버지인 세종을 생각해도 '이건 아니다.' 싶었지.

그래서 성삼문은 몇몇 사람들과 함께 수양대군인 세조를 죽이고 단종을 다시 왕으로 세우려고 계획했어. 하지만 그 계획은 들통이 나고 말았지. 그다음은 말 안 해도 알겠지?

계획을 주도했던 집현전 학자들은 고문을 받다 죽거나 사형되었지. 우리는 목숨을 바쳐 충절을 지킨 이들 학자들을 '사육신'이라고 부르는 거야. 사육신은 성삼문, 박팽년, 이개, 하위지, 유성원, 유응부. 이렇게 6명이야.

강화도로 유배된 '흥청망청' 연산군

'으악! 흥청망청하다 보니 코앞으로 다가온 기말고사!'

'남의 돈을 빌려 흥청망청하다가는 기업도 망하고 국가 경제도 파탄 나게 될걸.'

이때 '흥청망청'이라는 말의 어원은 무엇일까?

흥청망청이라는 말은 앞일은 전혀 생각하지 않고 먹고 마시며 노는 것을 말하지. 이 말의 어원은 조선의 연산군 시대에서 비롯되었다는 이야기가 있어.

연산군은 9대 성종의 맏아들이자 폐비 윤씨의 아들로, 조선 최초의 반정으로 폐위가 된 왕이야. 그래서 '종'이나 '조'를 붙이지 않고 '군'으로 부르게 된 거지.

흥청은 연산군이 모아들인 기녀(기생)들이야. 연산군은 이 흥청들과 자주 잔치를 열었고, 밤낮으로 놀기만 하며 정사는 뒷전이었지.

연산군은 왕비의 자리에서 쫓겨난 폐비 윤씨의 아들이었어. 성종의 사랑을 혼자서만 차지하려는 욕심이 무척 강했던 윤씨가 어느 날 실수로 성종의 얼굴에 상처를 내게 되었고, 이 일로 윤씨는 왕비 자리에서 쫓겨나 사약을 받게 된 거지.

이 사실을 알게 된 연산군은 어머니의 죽음과 관련 있는 사람들을 모두 죽이거나 쫓아내고 포악한 정치를 일삼았어.

결국 더 이상 참을 수 없었던 신하들이 연산군을 내쫓고 동생인 진성대군을 왕으로 세웠지. 진성대군은 11대 중종이 되는 거야. 그래서 이것을 '중종반정'이라고 해.

연산군은 중종반정으로 왕좌에서 쫓겨나 목숨까지 잃었고, 이렇게 흥청들과 놀아나다 망했다 하여 '흥청망청'이라는 말이 생겨난 거야.

연산군은 결국 강화도의 작은 섬 교동도로 유배되고 거기서 죽게 되었단다. 이 이야기는 강화도 교동도를 돌아보며 다시 얘기하자.

생각해 보기

- 어머니의 죽음을 알게 된 연산군의 심정을 이해할 수 있겠지만, 자신의 감정을 절제하지 못한 임금으로서의 행실은 이해할 수 없겠지?
- '흥청망청' 하면 안 되는 중요한 것! 그것은 바로 시간이야. 시간의 소중함을 알고 행동하는 사람이 자신의 꿈을 이룰 수 있겠지.

임진왜란

사회 교과서 5-2
160~167쪽

선조와 7년의 임진왜란

1592년 4월, 새로운 무기인 조총으로 무장한 일본군이 700여 척의 군함을 이끌고 부산 앞바다에 나타난 거야. 부산성에 있던 병사들은 개미 떼처럼 밀려오는 왜군에게 계속 화살을 쏘며 맞서 싸웠지만 결국 부산성이 왜군의 손에 넘어가고 말았단다. 왜군은 이어 동래성을 무너뜨리고 곧 경상도 지역도 휩쓸었어.

상황이 불리해지자 선조와 신하들은 궁궐을 버리고 북쪽으로 피난을 갔지. 선조가 칠흑같이 어두운 밤 임진강 가에 도착하였을 때 왕의 옆에서 왕을 보살피는 신하는 고작 수십 명밖에 없었어.

다들 어디 갔냐고? 모두 이런저런 핑계를 대며 자신들 목숨 유지하기에 급급했던 거지.

그런데 왕이 떠난 한양에 연기가 자욱했어. 무슨 연기였을까? 왜군이 불을 지르고 약탈한 거?

아니야, 백성들이 궁궐과 노비 문서를 보관하는 장예원을 불태운 거야. 백성을 버리고 피난 가는 왕과 왕족을 보면서 백성들이 배신감을 느꼈을 것 같다고? 그럴 수도 있겠다.

이순신 3대첩과 임진왜란 3대첩

대첩은 크게 이긴다는 뜻이야. 그럼 '이순신 3대첩'을 먼저 알아볼까?

첫 번째, '한산도 대첩'이야.

한산도 대첩에서는 견내량에 모여 있던 왜군을 한산도 앞바다로 유인하여 학익진으로 일본 배 100여 척을 격침시키고 1만여 명의 적군을 전사시켰다고 해. 조선군은 단 한 척의 배도 잃지 않고, 100여 명의 부상자와 10여 명의 전사자가 있었다니 대승을 한 거지.

두 번째, '명량 대첩'이야.

'신에겐 아직 12척의 배가 남아 있습니다.'라는 말로 유명한 그 명량해전이야. 1597년 9월 선조 정유재란 때 조선의 수군이 명량에서 일본 수군을 쳐부순 싸움이야. 단 12척의 배로 133척의 왜군을 울돌목으로 유인하여 바닷물의 흐름과 지형을 이용한 작전으로 대승을 거두었지. 이 싸움으로 조선 수군은 다시 전열을 가다듬을 수 있었던 거야.

세 번째, '노량 대첩'이야.

1598년 11월 19일 선조 때 노량 앞바다에서 이순신 장군이 이끄는 조선 수군이 일본 수군과 벌인 마지막 해전이야. '나의 죽음을 적에게 알리지 마라.'고 한 이순신 장군의 마지막 전투지이기도 해.

도망치는 왜군을 쫓아 노량에서 500여 척 중 200여 척을 격침시키고 대승을 거두었지만, 이 전투에서 적의 총탄을 맞아 돌아가시게 되는 거지.

이 해전을 마지막으로 7년간 계속되었던 조선과 일본의 전쟁은 끝이 났어.

이번에는 '임진왜란 3대첩'을 알아볼까?

첫 번째, '한산도 대첩'이야.

임진년인 1592년 7월, 이순신 장군이 이끄는 연합 함대가 한산도 앞바다에서 왜선을 전멸시켜 왜의 수군에 큰 타격을 주고 제해권을 잡았지.

두 번째, '행주 대첩'이야.

1593년 2월, 전라 순찰사 권율이 서울 수복을 위해 북상하다가 행주산성에서 왜적을 크게 쳐부수어 승리한 싸움이야. 행주산성에는 권율과 1만여 명의 군사밖에 없었지만 성으로 피난 와 있던 백성들이 힘을 합쳐 3만여 명의 왜병을 물리치고 행주산성을 지켜 냈어. 이때 동원된 부녀자들이 행주치마로 돌을 날라 석전(石戰)을 벌였다는 이야기가 전해진단다.

세 번째, '진주성 대첩'이야.

평양성에서 조선과 명나라의 연합군 공격을 받고 한양으로 후퇴한 왜군은 군량미 부족에 시달렸어. 그래서 왜군은 진주성을 치고 호남 지역으로 진출하여 후방의 보급을 확보하기 위해 3만여 명의 왜군을 이끌고 공격을 해 왔는데, 이를 진주 목사 김시민이 끝까지 지켜 냈어. 이때 의병 곽재우가 합세하여 화약물과 돌로 왜군을 물리쳤지.

왜군이 1차전의 패전을 설욕하고자 1차의 5배에 달하는 대군을 이끌고 다시 쳐들어오는 바람에 그만 진주성이 함락되고 말았지만, 진주성 대첩은 임진왜란의 대첩 중 하나지.

당시 왜장을 끌어안고 진주 남강에 몸을 던진 논개(論介)의 죽음으로도 잘 알려진 싸움이야.

아 참, 권율 장군이 강화도 선원면에서 태어났다는 사실이 권율 장군 문집에 기록되어 있어.

권율 장군의 할아버지는 강화 부사인 권적이고, 아버지는 영의정 권철이었지. 이처럼 훌륭한 가문의 권율 장군은 정의롭고 나라 사랑 정신이 투철한 강화도 사람의 참모습을 보여 주었지.

생각해 보기

- 이순신의 3대첩과 임진왜란의 3대첩을 공부하면서 언제 어디서나 유비무환(有備無患)의 정신은 늘 필요하다는 생각이 드는구나.
- 율곡 이이의 '십만양병설(十萬養兵說)'은 현대의 우리에게도 꼭 필요한 유비무환의 정신인 것 같다.

병자호란

사회 교과서 5-2
168~172쪽

후금 여진족, 그들은 누구인가?

병자호란을 살펴보기 전에 역사 속의 금나라를 먼저 알아보면 좋을 것 같구나.

금나라의 뿌리는 여진족이야. 그렇다면 여진족, 그들은 누구일까?

고려 초기에 여진은 고려를 상국(上國)으로 섬겼어. 활·말·화살·모피 등 전쟁 도구를 고려에 바치고, 의료품·식량·농기구·그릇 등 생활필수품을 주로 수입해 갔어.

그 후 여진은 세력을 넓혀 고려의 국경을 자주 위협하게 된 거야. 고려와 여진족은 이때부터 갈등이 커지기 시작했고 분쟁이 생기게 됐어.

아구다(阿骨打)가 여진의 여러 부족을 통일하여 세력이 커지자 국호를 금(金)이라 칭하고, 오히려 고려에 사대(事大)의

예를 강요할 뿐만 아니라 송나라와의 교류에도 간섭을 하기 시작했어.

'여진족, 정말 많이 컸네!'

그러다 1234년 금은 몽골에 멸망하게 되지만 그 후 '후금'이라는 이름으로 조선에 쳐들어오기도 하고, 나중에는 청나라가 되어 조선은 그들에게 머리를 숙이게 되지.

외교의 달인, 광해군

명나라가 임진왜란 때 조선에 원병해 준 것이 계기가 되어 국력이 차차 쇠약해지자, 이 틈을 타 여진족은 세력을 확장해 나갔지. 1593년 누르하치라는 추장을 중심으로 주변 부족들을 아우르고 명나라의 요동 지역을 차지하면서 세력이 매우 강해진 거야.

후금이라는 나라를 세운 여진족은 명나라를 칠 계획을 세웠지만, 조선이 은근 걱정이었어.

왜냐고? 자기들이 명나라를 치면 임진왜란 때 도움을 받았던 조선이 명나라의 편을 들 것이라고 생각한 거지.

이때 선조의 뒤를 이어 왕위에 오른 광해군은 국제 정세를 정확히 보는 혜안을 가졌어. 다시 말해 명나라 편도 후금 편도 들지 않는 중립 외교 정책을 펼친 거야.

명나라가 임진왜란 때 조선을 도와주기는 했지만 나라가 기울고 있었기 때문에 전쟁에 휩쓸리지 않으려고 누구의 편도 들지 않은 거지. 임진왜란의 피해로 인해 조선의 사정이 어려운데, 후금과 전쟁을 하면 얼마나 더 어려워지겠어.

하지만 조선 조정 안에서는 임진왜란 때 조선에 지원군을 보내준 명을 도와야 한다는 의견이 많았지. 그럴 수밖에 없지. 유교를 숭상하는 학자들이 얼마나 명분과 의리를 중히 여기는지 잘 알잖아.

이에 광해군은 명과 후금 두 나라 모두와 관계를 유지할 수 있는 방법을 찾아냈어. 그는 명에 지원군을 보내면서, 지원군의 장수 강홍립에게 전쟁에서 명이 질 것 같으면 후금에 항복한 뒤 그쪽으로 건너가라고 한 거야.

실제로 강홍립은 광해군의 명령에 따라 후금에 투항한 뒤, 조선이 명에 지원군을 보낸 것은 어쩔 수 없는 일이었다고 설명했어.

외교의 달인인 광해군이었지만 결국 명에 대한 의리를 저버린 거지. 또한 왕의 자리를 지키려고 형인 임해군과 동생 영창대군을 죽였으며, 영창대군의 어머니인 인목대비를 유폐시킨 일 등으로 광해군을 반대하던 신하들은 '인조반정'을 일으켜 인조를 새로운 왕으로 세우게 된단다.

임진왜란이 터지자 선조는 첫째 아들 임해군이 나라를 이끌 역량이 부족하다고 생각하고, 둘째인 광해군을 세자로 삼고 나라를 이끌게 했지.

그런데 임진왜란이 끝난 후 선조의 적장자가 태어나게 된 거야. 정식 왕비의 아들인 영창대군이었지.

선조는 적장자인 영창대군을 세자로 삼고 싶어 했고, 중립 외교에 미운털이 박힌 광해군은 이런저런 죄목으로 서인들에 의해 폐위되고 만 거야.

임해군도 영창대군도, 광해군도 모두 강화도에서 죽거나 유배 생활을 하게 되지. 역사의 한이 서린 이 강화도에서 말이야.

생각해 보기

• 광해군이 중립적인 태도로 실리를 얻는 외교 정책을 펼친 덕분에 광해군 때는 후금과의 전쟁이 일어나지 않았지만, 광해군의 이런 외교는 명과 가까운 관계를 고집하던 서인 세력의 반발을 샀어. 결국 인조반정이 일어나는 이유 중 하나가 되었지. 명분과 의리도 물론 중요하지만 나라와 백성의 안정이 더 우선되어야 하지 않을까?

후금의 침략, 정묘호란

연미정에서 맺은 강화 조약

연미정은 자연경관이 아름다운 곳이어서 시조를 읊고 학문을 논하던 정자야. 한강과 임진강의 물줄기가 서로 만나 하나는 서해로 또 하나는 강화해협으로 흐르는데, 이 모양이 마치 제비의 꼬리 같다고 해서 '연미정'이라 이름이 붙여진 곳이야.

'왕은 사랑한다'라는 TV 드라마가 촬영된 연미정에서 후금과 강화 조약을 맺은 얘기를 들려줄게.

강화 조약은 강화도에서 조약을 체결해서 강화 조약이 아니고, 여기서 '강화(講和)'란 싸우던 두 편이 싸움을 그치고 평화로운 상태가 되는 것을 뜻하는 말이야.

하여튼 이렇게 아름다운 연미정에서 조선은 정묘호란을 너무 부끄럽게 매듭지었단다. 이 얘기를 해 줄게.

후금이 광해군 폐위 문제를 구실로 3만여 명의 군대를 이끌고 압록강을 건너 조선으로 쳐들어왔어. 임진왜란으로 인한 전쟁의 상처가 채 아물기도 전에 조선은 또 후금의 침략을 받은 거야.

인조반정 후 조선은 명나라와 가깝게 지내고 후금과는 거리를 두는 '친명 배금'의 입장을 취했어. 명나라는 친하게, 금나라는 배척하는 분위기였지. 그러니 후금의 침략은 당연한 거 아니겠어?

막상 전쟁이 일어나자 적군을 제대로 막아 내지 못하고 인조는 강화도로 몸을 피했지. 1627년에 일어난 정묘호란으로 인해 조선의 백성들은 또다시 고통을 겪어야 했어.

후금의 침략을 받은 조선은 싸움을 멈추고 평화적인 관계를 맺자는 주장과 끝까지 싸우자는 주장으로 엇갈렸어.

강화도로 몸을 피했던 인조는 마침내 '조선이 후금을 형님의 나라로 섬긴다.'라는 약속을 하고 전쟁을 끝냈어. 이렇게

▼ 연미정(월곶진)

강화도 연미정에서 강화 조약을 맺고 전쟁을 끝낸 거지.

오랑캐와 외교도 할 수 없다던 조선이 후금을 형님의 나라로 섬긴다는 것은 말도 안 되는 일이지.

광해군의 중립 외교를 반대해 광해군을 몰아냈는데, 이렇게 되면 광해군만 억울하다고?

그래, 하지만 어쩌겠어? 맞서 싸울 힘이 없는데.

한편, 후금은 명과의 전쟁에서 우세해지자 청나라로 이름을 바꿨지. 그리고 조선에 기존 형제의 관계를 군신 관계로 바꾸고, 황제국으로 받들라고 요구했단다.

갈수록 태산이라고, 이전에는 형제의 관계였으나 앞으로는 신하가 되어 후금을 임금으로 모시라는 뜻이었지.

조선은 당연히 이를 거부했지. 그러자 청은 1636년에 대규모 병력을 동원해 조선에 쳐들어왔어. 이것이 바로 '병자호란'이야.

굴욕의 병자호란

조선은 정묘호란을 치르고도 철저하게 대비를 못 해 이 전쟁에서 막대한 피해를 입고 굴욕적 수모를 역사에 새기고 말았단다.

한양으로 들어오는 청나라 군대를 피해 인조는 남한산성으로 들어갔어.

지난번 정묘호란 때는 강화도로 피하더니, 이번에는 남한산성으로 피했군. 인조가 참 한심하다고? 그러게나 말이다. 광해군을 끌어내리고 왕위에 올랐으면 그보다 더 잘해야 할 텐데 말이야.

얼마 전 '남한 산성'이라는 영화를 봐서 어느 정도 알고 있겠지만, 인조가 왜 남한산성으로 들어갔는지, 거기서 어떻게 되는지 좀 더 자세히 알아볼까?

청나라 태종은 1636년 12월 1일에 12만 명의 대군을 이끌고 조선 침입에 나섰어. 청군은 출정한 지 10여 일 만에 개성 근처까지 밀고 내려왔지.

조선 조정은 갑작스러운 변란에 급히 판윤 김경징을 검찰사로, 부제학 이민구를 부사로 명하고 강화유수 장신으로 주사대장을 겸직시켜 강화를 수비하도록 했어.

조선 8도 중 왜 강화도 수비가 먼저냐고? 바로 강화도로 피난을 떠나야 하니까 그렇지.

먼저 세자빈, 원손, 둘째 아들 봉림대군, 셋째 아들 인평대군을 강화도로 피하도록 했어. 그리고 일부 신하들과 궁궐 여인들이 강화도로 출발했지.

인조도 그날 밤 숭례문으로 서울을 빠져나와 강화도로 향했으나, 청군이 어느새 길목을 막고 있었기 때문에 강화도로 들어갈 수 없었어. 그래서 결국 남한산성으로 가게 된 거야.

어쩔 수 없이 인조 일행은 남한산성으로 들어갔지만, 인조는 다음날 새벽에 강화도로 다시 떠나려 했지. 하지만 날씨마저 도와주지 않았어.

마침 눈이 내린 뒤라 산 언덕에 얼음이 얼어서 왕도 말에서 내려 걸어갔는데, 여러 번 미끄러져서 할 수 없이 강화도로 가는 것을 포기하고 다시 남한산성으로 돌아왔지. 이게 인조가 강화도 대신 남한산성으로 간 이유야.

강화도의 함락

강화도에서는 조선군과 청군의 치열한 전투가 벌어졌어.

갑곶나루 등에서 강화해협을 건너려는 청군과 목숨을 걸고 싸웠지만 막아 내지 못하고 청군이 바다를 건넌 거야.

고려 때 몽골군은 그렇게 건너고 싶어도 못 건너고 몇십 년을 강 건너 불 보듯 고려를 노려보기만 했는데, 어찌 이번에는 그리 쉽게 무너졌을까?

우리가 강화도에 올 때 강화대교를 건너기 직전, 오른쪽에 문수산이 있거든. 청나라 사령관은 그 문수산에 올라가 조선군의 움직임을 한눈에 내려다보면서 작전을 지시한 거야.

반면, 조선군은 옛날 고려 때 몽골군과의 대립을 생각하며 강화해협만 믿고 방심하고 있었지. 강화도 수비를 맡은 검찰사 김경징은 대신이나 대군의 말도 듣지 않고 마음대로 일을 처리하며 청군이 강화도만은 침입하지 못할 것이라고 호언장담을 했어.

하지만 1637년 1월 21일 밤 청군이 강화도를 침입하자 김경징은 그제야 놀라서 화약과 총탄을 나누어 주며 강화도를 지키려 했지. 그러나 때는 늦었어. 결국 강화산성이 함락되고 봉림대군을 포함한 왕자들과 비빈들이 청군의 포로가 되고 말았단다.

한편 남한산성에서는 이렇다 할 큰 싸움 없이 40여 일이 지나자 성안의 참상은 말이 아니었어. 성 안에는 먹을 것이 부족하였고 얼어 죽는 사람들까지 생기며 절망적인 상태가 되었지.

성 안에선 적의 포위 속에 오랑캐지만 화친하자는 주화파와 절대 그럴 수 없다며 청과 끝까지 싸울 것을 주장하는 척화파의 의견 대립이 팽팽히 맞섰어.

그러다가 남한산성으로 지원 오는 군사가 모두 붕괴되고 성 안과 밖이 끊어져서 의지할 곳이 없게 되자 차차 강화론이 일어나기 시작했어.

주화파인 최명길은 청나라에 보낼 항복 문서를 썼지.

이에 척화파인 김상헌은 최명길이 작성한 항복 문서를 찢어 버렸어.

최명길은 찢어진 문서를 다시 주워 모으며 이렇게 말했대.

"조정에 이 문서를 찢어 버리는 사람이 반드시 있어야 하고, 또 나처럼 주워 모으는 사람도 있어야 한다."

강화도의 함락 사실을 확인한 인조는 항복을 결정하게 되었지.

생각해 보기

• '남한 산성'이라는 영화 속 대사를 한번 들어 볼까? 모두 나라와 백성을 사랑하는 정신이 다르지 않은 것 같은데 말이야.

"한 나라의 왕이 어찌 치욕스러운 삶을 구걸하려 하시옵니까?"

– 맞서 싸워 대의를 지키고자 하는 예조 판서 김상헌

"죽음은 견딜 수 없고, 치욕은 견딜 수 있는 것이옵니다."

– 치욕을 감수하여 후일을 도모하고자 하는 이조 판서 최명길

인조의 삼배구고두

1637년 1월 30일 차가운 겨울바람이 매섭게 부는 날, 조선의 임금 인조는 한강 가에 있는 삼전도에서 청나라 왕에게 무릎을 꿇고 절을 해야 하는 굴욕적인 항복을 하게 되지.

한 번도 아니고, 세 번씩이나 절을 하며 머리를 아홉 번 숙이는 동안 인조의 마음은 어떠했을까? 또 그 모습을 보는 신하들은 얼마나 참담했을까?

그런데 이것으로 끝이 아니었어. 조선과 청은 군신 관계를 맺고 왕자들과 대신들, 그리고 많은 백성들이 인질이 되어 청으로 끌려가게 되는 거야.

청나라는 인조의 두 아들인 소현세자와 봉림대군을 붙잡아 갔고, 죽는 한이 있어도 오랑캐에게 몸을 굽힐 수 없다며 청나라와 끝까지 싸울 것을 주장한 사람들을 끌고 갔지.

병자호란 때 청으로 끌려간 신하는 삼학사로 홍익한, 윤집, 오달제였어. 또 김상헌은 병자호란이 끝나고 몇 년 뒤 고국을 등지고 청나라 땅을 밟는 서러움을 시조 '가노라 삼각산아'에서 이렇게 표현했단다.

가노라 삼각산아, 다시 보자 한강수야
고국산천을 떠나고자 하랴마는
시절이 하 수상하니 올동말동 하여라.

나중에 김상헌은 소현세자와 봉림대군과 함께 조선으로 돌아오게 되었어.

비록 두 달 정도의 짧은 전쟁 기간이었으나 그 피해는 7년의 임진왜란 못지않게 컸고, 조선 최대의 굴욕적인 전쟁이라고 할 수 있겠지.

이로써 조선은 명과의 관계를 완전히 끊고 청나라의 간섭을 받게 되었어.

그 후 이런 관계는 1895년 청일전쟁에서 청이 일본에 패할 때까지 계속되며 불행의 역사를 만들었지.

▲ 김상용 순의비

김상용 순의비각

좀 전에 청나라와 끝까지 싸울 것을 주장한 척화론의 대표 김상헌을 만났지? 이번에 소개할 김상용은 김상헌의 형이야.

김상용은 병자호란 때 순절한 인물로, 선원 김상용 선생 순의비를 보며 병자호란의 비참함을 생각해 보자.

▲ 김상용 순의비각

우선, 왜 강화도에 그의 비각이 세워져 있는 걸까?

김상헌은 인조가 청나라에 삼배구고두로 머리를 숙이자, 영화에서는 자결하여 죽는 것으로 나오지만 실제로는 청으로 끌려가 심양에서 감옥살이를 하지.

그 후 풀려날 때 청의 관리가 황제가 있는 곳을 향해 절을 하라고 강요를 하자, 허리가 아프다는 핑계를 대며 끝내 절을 안 했다는 얘기가 전해져 와. 이 얘기에서도 김상헌의 절개를 알아볼 수 있지.

이런 김상헌의 형 김상용도 병자호란 때 76세의 나이로 종묘사직의 신주를 받들고 빈궁과 원손을 수행하며 강화도로 피난을 오게 된 거야.

강화도의 관리들은 청나라 군대는 수전에 약할 것이라는 안이한 자세로 강화도의 자연적인 방어 조건만을 믿고 청군의 침입에 대비를 소홀히 하고 있었지.

그러나 청나라 군대는 문수산에서 강화도를 지켜보다가 갑곶나루에 상륙하여 강화성을 공격했어. 결사적으로 맞서던 병사와 백성들이 죽고, 강화성이 함락되고 세자와 대군들도 모두 포로의 신세가 되었지.

김상용은 신하의 도리를 다하지 못함을 원통하게 생각하고, 남문루에 올라가 화약 상자에 불을 붙이고 그 자리에서 순절하여 생을 마감하게 된단다.

'형제는 용감했다.'라는 말처럼 김상헌과 김상용은 오랑캐의 포로가 되어 구차한 삶을 사느니, 깨끗한 죽음을 택하리라 마음먹은 거지.

전란의 극복

사회 교과서 6-1
10~15쪽

북벌을 꿈꾼 효종

청나라에 인질로 끌려갔던 봉림대군이 인조의 뒤를 이어 즉위했어. 이 왕이 바로 효종이야.

원래 소현세자가 임금이 되어야 하는데, 소현세자는 돌아온 지 두 달 만에 죽게 되거든.

그럼 소현세자의 아들이 없었냐고? 물론 있었지. 그런데 왜 동생이 대를 이어 왕위를 이어받았는지 궁금하지만, 그건 아버지 인조의 뜻이었을 거야.

효종은 청에 대한 복수를 다짐하고 북벌 운동을 전개하지. 삼전도에서 아버지인 인조가 청나라 황제에게 무릎을 꿇고 절을 올린 굴욕을 갚기 위해 효종은 나라를 튼튼하게 만들고자 했어.

그래서 군사제도를 고치고, 군인들의 수도 늘리고 성곽도 새로 고치거나 다시 쌓았단다.

병자호란 때 강화도가 함락된 것이 청나라에 항복하게 된 원인 중의 하나라며 전란이 있을 때를 대비해 강화도의 방어 시설을 강화했지.

또 강화도로 피난을 가려고 했냐고? 그건 아니야.

그보다 만약 청나라가 다시 쳐들어올 경우, 고려 때처럼 조정을 강화도로 옮겨 끝까지 싸우겠다는 효종의 확고한 의지였겠지.

전쟁 중 임금과 조정이 도성

◀▼ 초지진

을 떠나 수비를 하면서 전란을 극복해 내기 위한 장소가 필요한데, 그러기 위해선 강화도가 중요한 보장처가 되거든.

효종은 진과 보를 더 세웠고, 나중에 숙종 때는 돈대와 강화산성도 다시 쌓아 강화도 수비 시설을 더욱 보강했단다.

특히 강화도의 초지진은 효종 때 해안 지역의 방어를 강화하기 위해 만든 시설 중 하나야.

하지만 효종은 임금 자리에 오른 지 10년째가 되던 해에 청나라에 복수를 하지 못한 채 그만 병으로 죽고 말았단다.

효종과 진강산 벌대총

8년간이나 청나라에서 볼모 생활을 한 효종은 북벌 계획을 이루려고 강화도 진강산에 말 사육 목장을 만들고 명마를 키웠어.

지금 진강산 정상 바위에 전설로 전해지는 벌대총의 말발굽 자국이 있거든. 효종이 강화도에 놓고 기르면서 아끼던 말이 있었는데 그 이름이 '벌대총'이야.

벌대총은 칠 벌(伐), 큰 대(大), 총이말 총(驄)으로 큰 놈을 치는 총이말(갈기와 꼬리가 파르스름한 흰 말)이라는 뜻이야. 아마 여기서 큰 놈은 청나라겠지. 다시 말해 '오랑캐를 정벌하기 위한 큰 말'이라는 뜻이지.

효종은 강화의 방위 설비를 살피러 자주 강화도를 오고 갔지. 지금 초지진도 효종 때 만들어진 해안 지역의 방어 시설이야.

특히 효종은 벌대총을 보통 때는 진강산 목장에 두어 놀게 하고, 행차할 때는 불러들여 타고 다녔어.

벌대총은 명마 중의 명마였지. 효종은 '벌대총이 죽었다.'라고 하는 사람은 주검을 면치 못할 것이라며 벌대총을 특별히 아끼고 잘 관리하라고 명했지.

그런데 어느 날 한양에서 강화로 되돌아가는 도중 양천 버머리에서 말이 죽고 만 거야. 사람들은 두려워서 3일이 지나도록 임금에게 알리지 못하고 양천 원님은 계속 죽은 말만 지켜보고 있었지.

속담에 '양천 원님 죽은 말 지키듯 한다.'라는 말이 있는데 바로 여기에서 나온 말이야. 어찌해야 좋을지 모르고 멍청하게 지켜보고만 있다는 뜻이야.

이때 지나가던 한 노인이 딱한 사정을 듣고 묘안을 알려줬어. 양천 원님은 죽기를 각오하고 대궐로 들어가 노인이 가르쳐 준 대로 임금님께 아뢰었지.

"벌대총은 누운 지 사흘, 눈을 감은 지 사흘, 먹지 않은 지가 사흘이옵니다."

그러자 효종은 한참 생각하다, 벌대총이 죽은 것을 알아차렸지. 그렇지만 양천 원님은 벌을 받지 않았어. 왜냐하면 벌대총이 죽었다는 말은 하지 않았으니까.

북벌을 준비하는 비용이 늘어나면서 나라의 살림살이도 어려웠고, 이에 더해 효종의 갑작스러운 죽음은 북벌의 꿈을 이룰 수 없게 했지. 또 중국 대륙을 장악한 뒤 국력이 더욱 강해진 청을 공격하기에는 어려움도 많았어.

진강산을 오르며 효종이 북벌을 위해 강화도 진강목장에서 말을 키웠던 그 마음을 헤아려 보는 것도 괜찮을 듯하구나. 비록 북벌의 꿈을 이루지는 못했지만 말이야.

진강산 이야기

진강산도 북벌을 꿈꿨다는 사실을 알고 있니?

옛날에 울산을 떠난 바위가 금강산을 향해 가다가, 늦어서 금강산에 진입을 못하고 설악산에 주저앉은 얘기는 알고 있지? 이렇게 해서 지금 설악산에 울산바위가 있는 것처럼, 진강산의 이야기도 들려줄게.

아주 옛날에 앉을 자리를 찾아 수만 리를 떠도는 커다란 산이 있었어.

어느 날 강화도에서 자기가 앉을 만한 자리를 찾아냈지.

"정말 딱 좋은데, 내가 찾던 곳이 바로 여기야."

그런데 사실 이 자리는 임자가 있는 땅이었어.

그 임자가 바로 진강산이야.

진강산이 잠깐 볼일을 보고 왔는데 느닷없이 듣도 보도 못한 산이 자기 자리에 떡하니 앉아 있는 게 아니겠어?

"이봐! 여긴 내 자리라고!"

하지만 수만 리를 떠돌던 만리산이 진강산에게 선뜻 자리를 내어 줄 리가 없지.

"누구든 앉으면 임자지. 네 자리 내 자리가 어디 있소?"

할 수 없이 진강산은 누구에게 하소연도 못한 채 근처의 양도면에 다시 자리를 잡은 거야.

진강산은 얼굴만 들면 바로 보이는 만리산이 늘 못마땅했어.

"에이, 저 보기 싫은 얼굴을 안 보려면 내가 돌아앉는 수밖에 없겠군."

진강산은 떠돌이 산을 등에 지고 돌아앉았어.

그러다 보니 다른 산들은 모두 남쪽을 보는데 진강산만 북쪽을 보게 된 거야.

혼자만 북쪽을 향해 있다 보니 친구도 없고 진강산은 너무 외로웠어.

그러던 어느 날 진강산은 끝없이 펼쳐진 만주 벌판을 보게 된 거야.

"그래, 넓은 세상으로 나가자."

진강산은 효종과 함께 북벌을 꿈꾸며 효종의 벌대총과 이성계의 팔준마를 길러 냈대.

그 진강산의 자리를 뺏은 수만 리를 떠돌던 산은 바로 '마니산'이야. 수만 리를 떠돌아서 '만리산'이었다가 지금의 '마니산'이 되었다는구나.

강화도 방비 구축에 힘쓴 숙종

우리가 아는 것처럼 병자호란 이후 효종은 북벌을 추진하였지만 여러 가지 이유로 결국 이뤄내지 못했어.

효종은 병자호란 때 해안 방비가 허술해 강화도가 함락된 것으로 판단하며 진, 보 등을 설치하라고 했거든. 그래서 광성보 등이 세워졌지.

효종의 아들 현종에 이어 왕위에 오른 숙종은 재위 기간이 45년 10개월로 다른 왕에 비해 꽤 긴 편이었어. 이 기간에는 국내적으로는 당파 싸움이 치열하여 정치적으로 혼란스럽기도 하였지만 특별한 외침이 없었어.

그나마 다행이지? 당파 싸움에 전쟁까지 일어났다면 국론 분열로 더 힘을 쓰지 못했을 테니까.

숙종은 북벌까지는 아니지만 우리의 것을 지키기 위한 방위 체계를 수도를 중심으로 심혈을 기울여 구축한 왕이었어.

사실, 정묘호란과 병자호란을 겪으며 보장처의 중요성이 더욱 강조되었기 때문이지.

숙종은 강화도의 방비 구축을 위해서 심혈을 기울이며 보장처를 완성해 나갔지.

고려 때 몽골에 맞서기 위해 쌓았던 내성, 외성, 중성을 몽골과 화의를 맺으며 몽골의 강압으로 헐어야 했거든. 조선 초에 다시 내성을 바탕으로 쌓았지만, 병자호란 때 또 파괴되고 숙종 때 지금처럼 다시 확장하며 쌓은 거야.

숙종은 강화도에 많은 돈대들을 축조하며 김포 문수산성까지 완성했어.

또 해안 방어를 위해 전략적 요충지인 강화도와 그 주변 군사들을 함께 엮어 '진무영'이란 군영을 창설하는데, 1866년 병인양요를 계기로 그 기능이 확대되었지.

이와 함께 백두산에 정계비를 세워 우리나라의 경계를 분명히 하고, 울릉도에 침범한 왜구를 무찌르고 왜구의 울릉도 출입을 금지시켰어.

특히 숙종 때 안용복은 울릉도와 독도가 조선의 영토임을 일본에 확인시켰지. 참 통쾌한 일이지?

그런데 아직도 '다케시마'라고 하며 우기고 있으니 정말 어이가 없다.

생각해 보기

- 인현 왕후와 장희빈은 잘 알고 있지? 숙종 때는 인현 왕후의 서인 세력과 장희빈의 남인 세력이 서로 권력 다툼으로 혼란스러웠단다.
- '당리당략(黨利黨略)'이란 말을 깊이 생각해 보고, 무엇을 우선시해야 하는지 생각해 보자.

새로운 문물을 받아들인 조선

사회 교과서 6-1 16~25쪽

정조와 강화도 외규장각

21대 영조의 손자이자 사도세자의 아들인 정조는 세종대왕처럼 정조대왕이라 칭할 만큼 조선 후기 문화의 황금기를 이루었다고 평가할 수 있지.

정조는 왕권을 강화하고 나라를 바로 세우기 위하여 영조와 마찬가지로 탕평책을 실시하여 나랏일을 할 인재를 골고루 등용하고자 했어.

또 왕실 도서관인 규장각을 설치하여 인재들에게 학문을 연구하게 하고 백성의 생활 수준을 향상시키기 위하여 경제 발전에도 힘을 썼지.

정조는 규장각을 설치하며 만일의 사태에 대비해 강화도 외규장각을 세우고 정말 중요한 것은 강화도에 보관하게 했단다. 그런데 오히려 후에 병인양요가 터지면서 외규장각에 보관된 조선의 의궤 등 중요한 것들을 프랑스에 빼앗기고, 불타게 되는 사태가 벌어지게 되지.

그 얘기는 양헌수 장군 얘기 때 다시 들려줄게.

사실 정조는 어린 나이에 아버지 사도세자가 참혹하게 죽어 가는 광경을 보았으니 오랫동안 아버지의 불행한 죽음으로 마음이 아팠을 거야.

정조는 왕위에 오르자 아버지인 사도세자에 대한 잘못된

▲ 고려궁지와 외규장각

평가를 바꾸고 이런 비극이 다시는 없도록 하겠다고 마음먹었지.

우선 양주에 초라하게 자리 잡은 사도세자의 무덤을 수원화성으로 옮기며 수원화성을 계획적으로 건설하고 군사와 상업의 새로운 중심지로 만들어 왕권을 강화하려 하였어.

정조를 도운 조선의 다빈치, 정약용

정조의 옆에는 정약용이 있었어.

정약용은 백성을 위한 정치뿐만 아니라 과학 기술과 건축에도 관심이 많았어.

그는 우리나라와 중국의 성을 연구하여 수원화성을 설계하였고, 거중기를 고안하여 수원화성을 건설하는 데 필요한 인력과 비용을 절약하였지.

그뿐만이 아니야. 정조가 화성에 갈 수 있도록 배 다리를 계획하여 설치하였으며, 암행어사로 탐관오리를 발견하면 혼내 주는 일도 서슴지 않았어.

또 백성들과 농촌의 어려움을 보고 들으면 그 모습을 시로 표현하는 등 조선 최고의 학자였지.

하지만 정조가 죽은 이듬해인 순조 1년(1801년)에 신유사

화가 일어나면서, 18년간의 긴 강진 유배 생활이 시작된단다.

정약용은 귀양살이에도 굴하지 않고 학문 연구에 몰두하여 많은 책을 남겼어. 나라를 바로잡기 위하여 토지제도를 바꾸고 인재를 고르게 활용해야 한다는 내용을 담은 〈경세유표〉, 지방의 관리가 지켜야 할 내용을 담은 〈목민심서〉, 살인 사건 등의 조사, 처형 과정 등의 형법에 관련된 〈흠흠신서〉는 대표적인 그의 저서야. 이 세 권을 합하여 '1표 2서'라고 해.

어려움 속에서도 나라와 백성을 생각한 정약용의 삶은 우리에게 많은 교훈을 주고 있지.

정약용을 실학의 대가라고도 하는데, 그렇다면 실학이란 무엇일까?

실학(實學)은 '실제로 소용되는 참된 학문'이라는 뜻이야. 실학자들은 농업, 상공업, 우리의 역사와 문화를 연구하는 등 각 분야에서 다양한 연구를 활발하게 이루어 냈지.

그러면 정약용과 같은 실학자들이 주장한 내용을 한번 훑어보자.

– 토지제도를 바꿔서 농민에게 땅을 골고루 나누어 주고 새로운 농사 기술을 보급해야 한다.

– 새로운 기술을 개발하고 공업과 상업을 장려해야 한다.

– 관리는 백성을 위하여 정치를 바르게 해야 한다.

– 우리의 것을 연구해야 한다.

– 청의 문물과 기술을 적극적으로 받아들여야 한다.

생각해 보기

• 실학은 나라의 힘을 기르기 위해 정말로 필요한 학문인 것 같구나. 청의 문물과 기술을 적극적으로 받아들이는 것은 좋지만 우리 것을 지키고 연구하며 선진 문물을 받아들이는 것이 발전의 시작이겠지.

양명학과 강화학파 이야기

요즘 인문학이 인기지. 얼마 전에 네가 읽은 청소년 인문학 책에도 공자가 나왔지?

'공자 왈~ 맹자 왈~!'

당시 조선은 성리학을 공부하여 정치를 개혁하려는 사람들이 나타나고, 엄격한 신분 질서와 가족제도를 중심으로 예를 중시하며 모든 생활 풍습이 유교적이었지.

사람들의 학문이 깊어지자, 성리학 이외의 다른 학문에 관심을 보이는 사람들도 나타났어. 그건 바로 명나라에서 널리 퍼진 양명학에 관한 책들이야.

양명학이 뭐냐고? 성리학과 같이 공자와 맹자의 말씀인데 어디에 기준을 두고 해석하는지, 어디에 중요성을 두는지 등에 따라 다르게 부르는 거야.

양명학은 명나라의 왕양명이 완성한 학문인데, 아는 것과 실천하는 것은 하나가 되어야 한다고 주장하는 학문이야.

너무 공감되는 말이지? 입으로만 학문을 읊조리면 뭐해. 그 이론에 따라 실천할 수 있어야 진정한 학문인 거지.

양명학! 참 근사한 학문인데, 바로 그 양명학이 꽃핀 곳이 다름 아닌 강화도야.

정제두는 조선에 전래된 양명학을 연구하고 발전시켜 사상적 체계를 세운 조선 후기의 양명학자야. 그런 정제두가 강화도에 와서 양명학을 가르치고 제자들이 생겨나며 '강화학파'를 이루게 된단다.

정제두도 처음에는 성리학을 공부했어. 하지만 성리학을 공부한 유학자들이 조정에서 명분과 의리에 집착하며 자기 당파의 이익만을 추구하는 모습에 양명학에 눈을 돌리게 된 거지. 이 양명학은 후에 박지원, 박제가, 정약용 같은 실학자들에게 영향을 주었어.

▲ 이건창 생가

강화에 정제두의 묘가 있고, 대표적 제자의 후손인 이건창 생가도 있으니 들러 보자꾸나.

서학의 수난

조선이 서양의 과학 기술을 받아들이게 된 것은 꽤 오래전이야.

조선은 중국에 해마다 여러 차례 사신을 보냈지. 이때 사신들은 북경에 머물면서 선교 활동을 하러 중국에 와 있던 서양 선교사들을 만날 수 있었어.

당시 서양 선교사들은 천문, 역법, 지리, 수학 등 여러 과학 부문에 다양한 지식을 가지고 있었어.

또 선조 때 이수광은 사신을 따라 명나라에 가서 천주교 책 〈천주실의〉와 세계지도인 〈만국여도〉와 같은 서양의 책을 가져왔지(한국민족문화대백과사전).

이렇게 들어온 서양 문물은 조선의 여러 학자들에게 큰 호기심을 불러일으켰어.

중국을 통해 전해진 천리경, 자명종 등을 비롯하여 천주교 관련 책들은 커다란 충격을 주었지. 중국을 세계의 중심으로 여기던 조선 사람들은 서양 문물을 접하면서 생각이 달라지기 시작한 거야.

천주교가 처음 전래되었을 때는 '서학'이라 하여 서양 문물의 하나로 여겼단다. 이후 일부 학자들이 천주교를 신앙으로 받아들이기 시작하였고, 점차 상민과 부녀자들에게 널리 퍼지게 되었어.

천주교를 믿는 사람이 늘어나면서 천주교의 세력이 커지자 나라에서는 평등사상을 내세워 신분제도를 부정하고, 조상에 대한 제사를 거부하는 천주교의 교리가 유교 사회의 질서를 무너뜨린다는 이유로 천주교를 금지하고 탄압하였지.

정조가 죽고 순조가 즉위하자 천주교도들에 대한 탄압이 대단히 심해졌단다.

힘없는 순조, 세도 정치의 시작

왜 순조는 특히 천주교를 탄압했을까? 우리가 붕당 정치에 대해 지난번에 얘기했지?

탕평책을 썼지만 정조 때는 남인과 시파가 주로 권력을 잡았어. 그런데 순조가 즉위하면서 벽파가 권력을 쥐면서 천주교도들에 대한 대대적인 탄압이 가해졌지.

천주교를 믿는 사람들 가운데 반대 세력인 남인과 시파가 많았기 때문이야. 이걸 신유년에 일어난 일이라 '신유박해'라고 한단다.

그러면 순조는 아버지 정조와 달리 왜 벽파와 손을 잡았을까?

순조는 열한 살의 어린 나이로 왕위에 오르게 된 거야. 그러니 무엇을 할 수 있었겠니. 증조할머니인 정순 왕후가 수렴청정을 하게 된 거지.

수렴청정은 어린 나이로 왕위에 올랐을 때 할머니나 어머니가 나라의 정치를 도와주는 것으로, 왕이 신하들과 정치를 의논하거나 결정을 내리려 할 때 왕의 가까운 곳에 발을 치고 앉아 왕에게 어떻게 하라고 가르쳐 주는 거야. 결국 모든 것은 정순 왕후의 뜻에 따라 움직이게 된 거야.

정순 왕후는 영조가 새로 맞이한 왕후로 정조의 친할머니가 아니야. 오히려 정조의 아버지인 사도세자를 죽음으로 몰아간 노론 세력의 인물이지. 그러니 정조 때의 남인과 시파들을 몰아내는 건 당연한 일 아니겠어?

순조가 직접 나라를 다스리면서부터는 장인인 김조순이 권력을 쥐고 흔들었단다. 김조순은 자기네 일가인 안동 김씨에게 정부의 중요한 자리를 맡기며 세력을 키워 나갔지.

이렇게 왕실의 외척 가문을 중심으로 몇몇 가문이 나라를 다스리는 것을 '세도 정치'라고 해.

이 같은 세도 정치는 순조, 헌종, 철종 때까지 60여 년 동안 계속되었어.

강화 도령, 철종

순조의 뒤를 이어 왕위에 오른 헌종은 여덟 살의 나이로 왕이 되었어. 원래 순조를 이어 왕위에 오를 예정이던 효명세자가 죽자, 효명세자의 아들이 왕의 자리를 잇게 된 거야.

헌종도 할아버지인 순조가 수렴청정을 받은 것처럼 순조의 왕비인 할머니 순원 왕후에게 수렴청정을 받았단다.

하지만 헌종은 스물세 살의 젊은 나이로 갑자기 죽었어.

그러자 헌종의 뒤를 이을 왕자가 없는 거야. 안동 김씨들은 왕의 일가 중 자신들의 마음에 맞는 사람을 찾느라 정신이 없었지.

왜냐고? 자기들의 뜻대로 정치를 해 줄 사람이 필요했으니까. 그래서 찾아낸 사람이 바로 강화 도령, 철종이야.

그렇다면 철종 이원범, 그는 누구일까?

강화도에서 가난하게 살던 강화 도령 이원범은 왕족이었지만 오랜 귀양살이로 생활이 무척 어려웠어. 더욱이 할아버지, 큰아버지, 형님 등이 억울한 모함으로 사형을 당하거나 강화도로 귀양 와서 죽어 가는 상황이었으니, 원범은 나무꾼 총각으로 건강하게 살아가는 게 다행이었는지도 모르지.

그는 원래 당쟁으로 인해 뒤주에 갇혀 죽은 사도세자의 증손자로 죽은 헌종의 7촌 아저씨뻘이 된단다. 혈통 상으로는 왕위에 오를 자격이 있었지만 헌종의 대를 잇는 것은 무리라고 생각되는구나. 거꾸로 대를 잇는 느낌이랄까?

그럼에도 불구하고 안동 김씨 세력은 자신들의 권력을 유지하기 위해 이원범을 왕으로 내세운 거야.

열아홉 살의 나이로 임금이 된 철종은 강화도에서 백성들과 함께 살며 그들의 실제를 잘 알기 때문에 백성을 위한 개혁 정치를 펼쳐 보이려 했어.

▲ 용흥궁 전경

하지만 실권을 쥐고 있던 안동 김씨의 외척 세력에 밀려 말 한마디 제대로 해 보지 못한 채 서른셋의 나이로 세상을 뜨고 말았지. 아마도 철종은 강화도의 생활을 그리워하며 눈을 감았을 거야.

강화읍에 자리 잡은 철종이 살았던 용흥궁을 둘러보자.

용흥궁은 철종이 왕위에 오르기 전 나무꾼으로 살던 집이야. 가난한 나무꾼이 너무 좋은 집에 살았다고?

▲ 용흥궁 외전

아니야, 철종이 왕위에 오르자 강화 유수가 초가집을 허물고 새로 지은 거지. 임금을 용에 비유해서 용이 일어난 궁이란 뜻으로 '용흥궁'이라 이름 지었지.

어때? 아늑한 한옥이 마음에 들지? 여기서 그냥 살았으면 철종 이원범은 아마 행복했을 텐데.

귀양 온 건데 뭐가 행복했겠냐고?

그렇구나. 혹시나 역적으로 몰려 할아버지나 형처럼 언제 갑자기 죽임을 당할지 모르는 불안감 속에서 살아가야 했을 거야.

실제로 헌종을 이을 왕으로 지명되어 원범을 모셔가기 위해 강화도에 신하들이 왔을 때 원범은 살려 달라고 애원했다고 하니, 요즘 말로 웃픈 얘기지.

초라한 나무꾼으로 열아홉 살까지 살다가 어느 날 갑자기 왕으로 즉위하며 하루아침에 달라진 궁궐 생활은 적응하기 어려웠을 거야. 달라진 환경과 오로지 자신들의 세력을 불리고자 하는 사람들 속에서 철종이 왕으로서 소신을 펼치기엔 역부족이었을 것 같구나.

왕이 되었다고 해서 자신의 뜻을 펼치며 마음 편히 살지도 못한 채 세도가들의 눈치 속에 주위에 힘이 되어주는 사람 한 명도 없이 얼마나 외로웠을까?

서른세 살에 고달픈 시집살이 같은 궁궐살이를 마치고 처음으로 편안한 천국 생활을 했을 거야.

철종이 살던 집이라는 용흥궁 안쪽의 조그만 비각을 보니 여러 가지 애잔한 생각이 많이 드는구나.

이제 용흥궁을 둘러보았으니 선원면 창리에 있는 철종 이원범이 마시던 찬우물 약수터와 냉정리의 철종 외가도 둘러보며 철종의 흔적을 더 찾아보자.

생각해 보기

• 세도 정치는 물론 부정부패를 일삼는 관리들로 인해 당시 전세, 군포, 환곡의 부당한 세금으로 백성들이 힘들었던 상황을 좀 더 알아보면 좋겠다.

조선의 개항

사회 교과서 6-1
54~65쪽

흥선대원군의 쇄국 정책

철종이 왕위를 이을 자식 없이 죽자, 흥선대원군의 둘째 아들이 열두 살의 어린 나이로 왕위에 올랐어. 그가 조선의 26대 임금인 고종이야. 뒷날에 대한제국 1대 황제가 된 분이지. 늘 그랬듯 나이 어린 고종을 대신하여 아버지 흥선대원군이 권력을 잡았지.

흥선대원군은 왕권을 강화하기 위해 안동 김씨 세력을 밀어내고 능력에 따라 인재를 등용했어. 60여 년의 세도 정치를 없앴다는 것은 대단한 일이야.

그리고 당쟁의 중심이었던 서원도 거의 문을 닫도록 했지. 부패한 관리들을 모두 내쫓고 능력에 따라 인재를 고루 등용한 거야.

또한 어려운 백성에게만 받던 군포를 양반에게도 거두었어. 정말 파격적 개혁이라고 할 수 있지? 이는 백성들에게 큰 호응을 얻었단다.

흥선대원군은 왕실의 존엄성을 회복하기 위해 임진왜란 때 불타 버린 경복궁도 다시 지었어.

물론 경복궁을 짓느라 많은 인력과 재정이 들어가서 당시에는 원성이 높았다고는 하지만 그래도 그때 지은 경복궁이 지금은 우리나라의 대표적 문화재로 인기가 최고잖아.

흥선대원군은 조선을 바로 세우고자 많은 개혁을 시도했는데, 한편으로 국제적 흐름을 제대로 파악하지 못한 채 나라의 문을 너무 닫았던 것이 문제가 되었지. 요즘으로 말해 정보가 너무 어두웠던 거야.

'서양 오랑캐가 쳐들어오는데 맞서 싸우지 않음은 곧 화친하자는 것이고, 화친하자고 하는 것은 곧 나라를 파는 것이다.'라는 내용을 새긴 척화비를 곳곳에 세웠단다.

생각해 보기

• 흥선대원군이 나라의 문을 열고 발달된 서양과 좀 더 빠른 교류를 했었더라면 우리나라는 어떻게 됐을까?

병인양요와 양헌수 장군의 승리

그동안 강화도는 외적이 쳐들어오면 피신할 수 있는 보장처였어.

북쪽에서 말을 타고 쳐들어오던 기마 민족들을 막아 내기엔 사방이 바다로 둘러싸인 강화도가 최고였지. 고려 시대에는 몽골에 대항하며 고려를 지켜 냈고, 조선 시대의 정묘호란 때도 이곳으로 피난 오고, 병자호란 때는 남한산성에서 버티다 삼전도에서 항복했잖아.

그런데 19세기에 들어오며 강화도는 전쟁터가 된 거야. 말 타고 쳐들어오던 외적들이 이제는 배를 타고 쳐들어왔으니까. 외적이 배를 타고 바닷길을 따라 한양으로 쳐들어올 때 그 길목이 바로 강화도였어.

맨 처음 강화도로 쳐들어온 외적은 프랑스였어.

프랑스는 조선 정부가 프랑스 천주교 신부들을 처형한 것에 대한 책임을 물으려고 왔다고 명분을 내세웠지.

여기까지만 들으면 프랑스가 그리 잘못한 것이 없는 거 같지?

사실 프랑스는 조선을 식민지화하려는 욕심을 가지고 온 거야. 강화도를 점령한 채 조선 정부에 강압적인 통상 수호 조약 체결을 요구했으니까. 쉽게 말해 조선의 문을 억지로 열어 장사할 길을 찾으려고 온 것이지.

프랑스 함대가 강화도 갑곶돈대로 상륙하여 강화산성 동문을 공격하고 남문까지 공격하며 지금의 강화읍을 완전히 장악한 거야.

조선은 프랑스의 요구에 무력으로 대응하기로 하고 양헌수 장군을 중심으로 강화로 향했지. 양헌수 장군은 은밀히 군사를 이끌고 손돌목을 건너서 지금의 전등사가 있는 정족산성에 진을 쳤어. 이미 프랑스가 강화에 들어와 있는 상태

▼ 정족산 삼랑성의 양헌수 승전비

에서 몰래 강화도 진입도 무척 어려웠을 거야.

양헌수 장군은 포수 부대 300명을 정족산성의 동문과 남문에 배치하고 쳐들어오는 프랑스군을 공격하여 크게 무찔렀어. 정식 군대도 아닌 짐승을 잡는 포수들이 대다수였던 양헌수 장군의 부대가 프랑스군을 이긴 거야.

이제 정족산의 삼랑성에서 양헌수 승전비를 보았던 느낌이 되살아나지? 지난번 삼랑성 전등사를 둘러보며 나중에 설명해 준다고 했던 그 승전비야.

양헌수 장군이 프랑스군을 물리친 곳이 어디라고? 전등사가 있는 정족산성이지.

정족산성에 정말 중요한 게 있는데 그건 바로 '조선왕조실록'이야. TV 드라마를 볼 때 많이 들어 봤던 조선왕조실록이 바로 여기 정족산 사고에 있었거든.

양헌수 장군이 승리했으니 다행이지, 그렇지 않았으면 조선왕조실록이 불타거나 프랑스가 가져갔겠지.

강화도 외규장각의 수난

정족산성에서 양헌수 장군에게 패한 프랑스 군대는 서둘러 군사를 모아 자기네 나라로 돌아갔지. 그런데 쫓겨 가면서 강화도에 있던 외규장각의 책과 보물들을 훔쳐 갔어.

강화 동종까지도 탐을 냈지만 너무 무거웠었나 봐, 중간에 놓고 간 걸 보면 말이야.

프랑스 군대는 강화읍에 불을 질러 민가와 관청 건물들을 불태웠고, 소중한 문화재들도 모두 태우며 엄청난 피해를 입혔지.

정조는 정책과 학술을 연구할 뿐만 아니라 왕실 도서관으로서 규장각을 세우며 강화도에 외규장각을 세웠거든.

임진왜란과 병자호란 등과 같이 또 외적의 침략을 받을 경우 한양의 규장각에 보관하는 것보다 보장처인 강화도가 더 안전하다고 생각했기에 외규장각을 세웠던 거야.

그래서 중요한 도서나 의궤도 외규장각에 있었거든. 그런데 프랑스군이 모두 가져가거나 불태웠으니 정말 안타까운 일이지.

그중 프랑스 국립도서관에 있던 297권의 의궤를 찾아 반환을 요구했고, 겨우겨우 협상 끝에 2011년에 의궤 전부를 되돌려받았단다. 그런데 프랑스가 거기에 '영구 대여'라는 말을 붙였지.

무슨 말이냐고? 빼앗았던 거 돌려주려니 뻘쭘하고 그러니 생색 내며 빌려주는데, 다시 받을 수는 없으니 '영구 대여'라는 말로 자기네 체면을 세운 거지.

그런데 의궤가 뭔데 가져갔느냐고?

의궤는 조선 시대 왕실과 나라에서 거행된 여러 가지 의례 전체를 자세하게 기록한 책이야.

조선이 건국된 초기부터 의궤가 제작되었으나 임진왜란으로 모두 없어지며 조선 중기 이후 본격적으로 제작되었대. 그러니 정조가 비교적 외침에 안전한 강화도의 외규장각에 보관한 거겠지.

조선 시대 의궤에는 그림이 다수 실려 있는데 문자로 표현하기 어려운 도구와 건물은 그림으로 그려 기록하였어. 의궤는 대체로 5~8부 정도가 제작되었는데, 임금님이 볼 수 있는 임금님용 1부를 제외한 나머지는 관련 관서 및 사고에 나누어 보관하였단다.

옛날에는 카메라도 없었고, 지금처럼 복사도 안 되고 일일이 그 상황을 쓰거나 그림으로 그려서 나중에 행사 때 참고하려고 했었던 건데, 그걸 모두 가져가다니.

지금 규장각은 서울대학교 안에 있어. 자료 보관과 학술 연구를 하고 있단다.

자, 그럼 우리는 강화도에 왔으니 고려궁지에 복원된 외규장각을 보러 가자.

손돌목 이야기

양헌수 장군이 프랑스군 몰래 강화도로 들어갈 때 손돌목을 건너서 들어갔다고 했지?

강화군 불은면 덕성리와 경기도 김포시 대곶면 신안리 사이의 염하 가운데에 위치한 손돌목은 폭이 좁아지면서 물살이 험하고 소용돌이가 잦은 것으로 알려져 있어.

지금부터 재미있는 손돌목 얘기를 해 줄게.

옛날에 강화와 김포 사이 바닷길을 오가는 손돌이라는 뱃사공이 있었어. 어느 날, 임금이 바다로 둘러싸인 강화도로 피난을 가려고 손돌 사공의 배를 타고 강화도로 향했지.

그런데 강화해협 용두돈대 앞에 왔을 때 손돌은 앞이 막히고 해역이 좁으며 급류가 심한 곳만을 골라 노를 젓는 거야.

임금님은 몹시 불안했어. 혹시 자기를 죽이려는 자일지도 모른다는 생각이 들었지.

"여봐라, 노를 제대로 저어라. 뱃길을 제대로 잡으란 말이다."

"이곳은 바다의 바위와 목이 막혀 물살이 세고 앞이 막힌 것처럼 보이는 뱃길이옵니다. 너무 염려하지 마십시오."

손돌 사공은 거센 물살을 헤치며 묵묵히 노를 저었지.

하지만 임금님은 손돌을 적의 첩자로 의심했어.

"여봐라, 저놈은 적의 첩자가 분명하다. 그렇지 않고서야 어찌 이런 곳으로 노를 젓는단 말이냐! 저놈의 목을 베라!"

그러자 손돌은 갑자기 바가지를 물 위에 띄우며 말했어.

"임금님, 지금 제가 죽는 것은 두렵지 않으나 물길이 험하니 이 바가지가 떠내려가는 대로 따라가면 순조롭게 뱃길이 트일 것입니다."

임금님을 실은 배는 그 바가지를 따라 무사히 강화도에 닿았지. 그제서야 손돌의 마음을 알게 된 임금님은 후회했어.

"손돌의 장사를 지내고 사당을 세워 손돌의 넋을 위로하여라."

그 후 그 거센 뱃길의 목을 손돌이 목을 베인 곳이라 하여 '손돌목'이라고 부르게 되었대.

손돌이 죽게 된 그 즈음이 음력 10월 20일이래. 그래서 음력 10월 20일쯤 오는 추위를 죽은 손돌의 원혼이 바람과 추위를 몰고 온다고 하여, '손돌바람', '손돌추위'라고 한단다.

그 임금님이 누구냐고? 강화도로 외적을 피해 피난을 오던 왕이니까, 고려 때라면 몽골군을 피해 온 고종이거나 조선 때라면 정묘호란 때 후금을 피해 온 인조가 아닐까?

그런데 이 이야기는 물살이 센 이곳에 전해 오는 얘기야. 그러니 그 왕이 누구라고 단정 지을 수는 없지.

손돌의 무덤이라 전하는 곳이 김포시 대곶면 신안리에 있단다.

신미양요와 강화 광성보

정족산성에서 양헌수 장군에게 패한 프랑스가 물러난 지 몇 해가 지나자, 이번에는 미국이 1866년에 있었던 일을 핑계 삼아 강화해협에 제멋대로 들어온 거야.

1866년에 '제너럴셔먼호'라는 미국 상선이 대동강에서 통상 교역을 요구해 왔어. 조선은 외국과 교역을 하지 않으니 돌아가라고 했지.

하지만 제너럴셔먼호는 우리의 의사를 무시하고 오히려 조선 관리를 감금하고 난동을 부렸어.

그러자 조선인들은 여울에 갇혀 꼼짝도 못하는 제너럴셔먼호에 화공을 펼쳤고 배가 불탔어. 그런데 그 바람에 배 안에 있던 화약이 터져 선원이 모두 죽게 되었지.

미국은 5년이 지난 1871년에 과거 이 사건을 핑계로 강화해협에 발을 들여놓은 거야. 미국의 실제 속마음은 조선과 교역을 하고 싶었던 거지.

굳게 닫힌 조선의 문을 열기 어려우니 이런 핑계로 강화해협까지 건너온 것이지.

허락 없이 강화해협에 들어온 건 당연히 불법 침략이고,

더구나 흥선대원군은 덕진진 남장포대 옆에 '어떠한 외국의 배도 강화해협을 통과할 수 없다.'라는 내용의 비를 세우며 강화의 해상 관문을 굳게 지키려 했으니까 강화도를 지키는 수비병은 공격을 해야겠지?

미국 상선이 손돌목에 이르자 강화도 수비병들은 집중 포격을 가했어.

미국은 평화적인 탐측 활동을 하고 있는데 공격한 것은 비인도적인 행위라며 이에 대해 조선은 사죄하고 자기네와 협상을 하자고 요구했지. 요구에 응하지 않으면 강화도에 상륙하여 보복하겠다는 엄포를 놓으면서 말이야.

▼ 덕진진 남장포대

미국은 조선을 개항시켜 교역 활동을 하여 이익을 취하고 싶었던 거지. 요즘 말로 '기-승-전-교역'인 거야.

조선이 미국의 요구를 허락하지 않자 미국 함대는 초지진을 함포 포격으로 초토화시키고 덕진진을 점령했으며 군사 시설을 파괴한 뒤 광성보로 쳐들어왔어.

조선은 어재연 장군이 광성보에 진을 치고 미군을 상대로 싸웠지만 신식 무기의 미국을 당해 내기가 어려웠어.

그 당시 미국의 대포와 총은 조선의 무기와 상대가 되지 않을 정도로 뛰어났지.

결국 미군은 광성보를 점거하고 광성보 손돌목돈대 위에 있던 조선의 수자기 깃발이 내려졌지. 조선의 수자기는 총지휘관이 있는 본영에 꽂는 깃발인데 그걸 미국에 뺏기고 만 거야. 이 수자기는 2007년에 다시 돌아오게 된단다.

사실 이 싸움에서 조선은 졌지만 지지 않았어.

그건 말이 안 된다고?

왜냐하면 미군이 초지진, 덕진진, 광성보를 초토화시켰지만 강화도를 점령한 것도 아니고, 조선의 한양을 내어 준 것도 아니고, 그들의 협상 요구도 들어주지 않았으니까 그렇지.

미국은 아무런 소득도 없이 결국 함대를 철수했으니, 이겼지만 이긴 게 아니었지.

연무당에서 맺은 강화도 조약

조일 수호 조규(朝日修好條規)=한일 수호 조약(韓日修好條約)=병자 수호 조약(丙子修好條約), 우리가 알고 있는 '강화도 조약'의 여러 가지 이름이란다.

일본의 강요에 의해 맺어진 이 조약은 외국과 맺은 최초의 근대적 조약으로, 한일 관계에서 중요한 의의가 있지. 하지만 꽤나 불평등한 조약이야.

이제 이 조약이 체결된 강화도 연무당 옛터에서 강화도 조약을 얘기해 보자.

연무당은 조선 후기의 군사 훈련장이었다고 하는데 지금은 전혀 알 수가 없네. 연무당이 있었다는 이 빗돌이 없으면 그냥 돌아서기 십상이겠다.

1875년 일본 군함 '운요호'는 조선의 해안을 측량하고 또 연구하기 위해 왔다고 핑계를 대고 강화도 앞바다에 불법으로 침투했어.

일본은 무력으로 조선을 개항하고자 강화해역에 운요호를 파견했지. 당연히 해안 경비를 서던 조선 수군이 공격을 했어. 이에 일본은 초지진 포대의 포격을 구실로 수교 조약 체결을 강요한 거야.

어딘가 비슷한 얘기를 들었던 것 같지?

그래, 미국도 자기네 마음대로 강화해협에 들어와 놓고, 우리가 공격한 걸 트집 잡아 문호 개방을 요구했었지.

일본도 마찬가지로 자기네 마음대로 부산에 들어와 마음대로 해상 훈련을 한답시고 왔다 갔다 하며 함포 사격을 해댔지.

그러더니 결국 강화도 해안까지 들어와 얼쩡거리고, 조선 수군이 방어하기 위해 포를 쏘게 만들었지.

오히려 초지진에 함포 사격을 가해 파괴를 하더니 기어이 자기네 배에 포격을 가한 책임을 묻겠다며 결국 문호 개방을 요구한 거야. 사실, 이 방법은 미국이 일본에 했었던 방법이야.

흥선대원군이 정권을 잡은 지 10년 만에 고종이 직접 정치를 하게 되었어. 고종은 그동안 봐 왔던 것처럼 서양 세력의 개방을 단호히 거부했지만, 일본은 옆 나라여서 그랬는지 일본과의 교섭을 어느 정도 긍정적으로 생각하고 있었어. 게다가 일부 조선의 관리들은 개항의 필요성을 느끼고 있었지.

전반적으로 이런 상황이어서 조선은 일본의 교섭 요구에 응하게 된 거야.

처음부터 강화도 조약을 체결하려고 나간 건 아니고 일단 일본이 요구하는 게 뭔가 들으러 나간 건데, 일본이 불쑥 조선의 개항을 요구하는 조약 체결을 강요한 거였지.

결국 이곳 강화도 연무당에서 조약을 체결하게 되었어. 어차피 나라의 문을 열어 새로운 문물을 받아들이는 게 조선의 발전을 위해 좋긴 한데, 준비 없이 하다 보니 너무 우리가 손해를 보는 계약이 되고 만 거야.

<여기서 잠깐> 강화도 조약 체결 모습

◀ 무장한 일본군의 시위로 강화도 조약이 조인되고 있다.

◀ 연무당 앞에 일본군이 대포를 정렬하고 시위를 하고 있다.

출처: 강화 옛 지도 (2008). 강화군청.

불평등한 강화도 조약문

강화도 조약문이 그리 길지 않으니 한번 살펴보자.

12개의 조항뿐이지만 정말 엄청난 내용이 담겨 있어.

제1조에 '조선은 자주국으로서 일본과 평등한 권리를 가진다.'라고 되어 있어.

자주국이란 말이 참 괜찮은 조항인 것 같지? 하지만 그 말 속에는 조선이 중국의 의견을 묻지 않고 자주적으로 이 조약을 맺는다는 뜻을 가지고 있는 거지.

일본의 입장에서 볼 때 일본이 조선을 마음대로 하기 위해 청나라의 간섭이 없길 바란다는 뜻을 포함한 말이지.

이후부터 조선은 자신의 결정으로 여러 나라와 조약을 맺으며 세계 속의 조선, 세계 속의 대한제국, 세계 속의 한국으로 역사를 이어가게 되는 거야.

제4조는 '조선은 부산 이외에 두 곳의 항구를 개항하고 일본인이 와서 통상하는 것을 허가한다.'

조선은 강화도 조약 이후 부산과 인천, 원산 세 개의 항구를 개항하게 되었지. 이건 앞으로 일본 상인들이 조선에서 자유롭게 활동할 것을 약속해 준 거야.

강화도 조약 이후 많은 일본 상인들이 서양의 물건을 팔고 우리 물건을 사려고 조선에 들어왔어.

개항을 하기로 결정했는데 왜 딱 세 군데만 했느냐고?

다른 나라 상인이 조선에 들어와 마구 장사를 하게 되면 조선 상인들이 손해를 입게 되잖아. 그런데 반대로 그들은 조선의 어느 곳에서든 장사를 하고 싶어 했지. 그중 어디서 제일 하고 싶어 했을까? 그야 당연히 서울 한양이었겠지.

제7조는 '일본인이 조선 해안을 자유롭게 측량하는 것을 허가한다.'

이건 정말 아니지 않니? 일본국 항해자가 조선국 연해의 섬과 암초를 자세히 조사한 후 지도를 제작해 양국 선객이 안전하게 항해할 수 있도록 한다는 허울 좋은 얘기 속에는 시커먼 욕심이 들어 있는 거지.

전쟁을 하게 될 때 군사적 목적으로 쓰려는 거는 삼척동자도 다 알겠다. 그것도 모르고 조약을 체결하다니. 우리나라 지도를 만들어서 훗날 쉽게 침략하려는 의도가 있었던 것인데 말이야.

제10조는 '조선의 항구에서 죄를 지은 일본인은 일본 관리가 심판한다.'

이건 또 어떻고? 이렇게 되면 공정한 재판이 이루어지기 어렵지. 일본인이 어떠한 짓을 해도 조선인이 처벌하지 못한다면 부산, 원산, 인천은 치외법권 지역이 된다는 말이잖아.

요즘 우리나라에 거주하는 외국인들의 범죄 뉴스를 가끔 볼 수 있지? 폭행부터 강도, 음주 운전까지 범죄가 다양한 형태로 나타나고 있는데, 외국인이라도 우리나라에서 범죄를 저지르게 되면 우리나라 법에 따라 처벌을 받거든.

이는 거의 모든 국가가 동일하게 지정하고 있어. 단, 외국인 대사관의 경우는 국제관습법에 따라 해당 국가의 처벌을 따르게 되지.

그런데 강화도 조약에서는 조선 항구에서 벌어진 일본인들의 모든 잘못을 자기네가 처벌한다고 했으니, 이건 진짜 일본만 유리한 조항인 거지.

생각해 보기

- 강화도 조약 제1조의 '조선은 자주국으로서 일본과 평등한 권리를 가진다.'는 말의 의미를 깊이 생각해 보자.
- 강화도 조약의 득과 실은 무엇일까?

▲ 광성보 안해루와 광성돈대

강화도의 '5진 7보 54돈대'

북방 민족들이 침입하면 강화도로 옮겨 와 최후의 일전을 벌였다는 걸 이제 잘 알게 되었지? 그러다 보니 강화도의 방어가 대단히 중요한 거야.

그래서 강화도의 해안을 따라 군사 기지인 진과 보를 설치하고 돈대와 외성, 내성 등을 쌓아 겹겹이 방어 체계를 갖추었지.

강화도에는 5진 7보 54돈대가 있단다. 그게 다 뭐냐고?

5진은 군사적 목적으로 설치한 지방 행정 구역으로 우리가 잘 아는 초지진, 덕진진, 용진진, 제물진, 월곶진이 동쪽 해안에 걸쳐 있어.

강화도에 설치한 진은 강화도에 사는 사람들을 지키려는 것이라기보다는 서울로 들어가려는 서양 세력을 막아 내기 위한 목적이 우선이었지. 또 전국에서 징수한 세곡을 지키려고 만든 군사 시설이다 보니 진은 모두 동쪽에 몰려 있는 것 같구나.

광성보와 덕진진, 초지진은 신미양요 당시 미국과의 치열한 격전지였고 운요호 사건 당시 일본과 전투를 벌인 곳으로, 모두 파괴되었지만 다시 복구하여 지금의 모습으로 남아 있는 거지.

우린 초지진의 대포도 살펴봐야 하지만 당시 포탄에 맞은 흔적을 안고 버텨 온 소나무에도 위로의 눈인사를 건네면 좋겠다.

7보는 대표적으로 광성보, 승천보 등이 있는데 강화도 본섬을 뼁 둘러 가며 7개가 있단다.

그중 광성돈대와 손석항돈대(손돌목돈대), 용두돈대 등 세 돈대가 광성보를 이루고 있어. 용두돈대는 용의 머리가 강화해협을 향해 머리를 내민 지형의 끝머리에 자리 잡고 있지.

건너편 김포 덕포진과의 사이에 물살이 거센 목이 생기는데, 이 목이 손돌목이야.

손돌목의 슬픈 전설은 앞에서 들었지? 바로 그 손돌목이 여기야.

돈대는 강화도 해안을 따라 만든 작은 방어 시설로, 성을 쌓기 어려운 지역에 만든 성곽 같은 거야.

주로 해안 돌출부를 따라 배치되는데 54개의 돈대 중 숙종 때 52개나 만들어졌다니 숙종이 강화도의 해안 방어에 얼마나 힘썼는지 알 것 같구나. 그리고 영조 때와 고종 때 1개씩 추가되어 총 54개의 돈대가 있는 거야.

돈대는 주변 지형 중 가장 높은 곳에 설치되는 경우가 대

▼ 용두돈대와 손돌목

부분이어서 어느 돈대든 오르면 넓은 바다를 훤히 내다볼 수 있는 특징이 있지. 왜냐하면 돈대는 적의 움직임을 정찰해 적의 침입을 막아 내야 하니까.

천주교 갑곶 순교 성지가 있는 갑곶돈대와 정묘호란 때 후금과 형제의 나라로 강화를 맺었던 연미정의 월곶돈대는 우리가 알고 있었던 곳이지. 그 외 돈대는 강화의 해변 도로를 지나며 눈여겨보자.

정리를 해 보면 돈대, 보, 진의 순서로 강화도의 방어를 겹겹이 했다는 것이지.

자, 지금부터 강화 나들길인 '호국돈대 길'을 걸어 보자.

초지진부터 덕진진을 거쳐 용두돈대, 손돌목돈대, 광성보, 오두돈대, 화도돈대, 용당돈대, 용진진, 더리미 선착장, 갑곶돈대까지 돌아보며 많은 전란을 겪었던 선조들께 감사의 마음을 가져 보자.

강화성 이야기

강화성은 '강화산성' 혹은 '강화읍성'이라고도 하지. 글자 그대로 강화읍을 중심으로 축조한 거야.

고려 시대 몽골의 침입으로 강화도로 수도를 옮기면서 축조된 건데, 몽골과 화의하면서 허물었다가 조선 초기에 개축했지.

다시 병자호란 때 청나라에 의해 함락되었다가 숙종 때 전면적으로 보수하며 지금까지 보존되고 있는 거야.

읍내를 둘러싼 성곽으로 남산의 남장대와 아직 복원되지는 않았지만 북산의 북장대가 있고 4개의 대문이 있는 거는 우리가 지난번에 보았으니 더 설명할 필요는 없겠지.

강화 외성은 강화도의 동쪽 해안의 방어를 위해 해안을 따라 쌓은 성이야.

▲ 강화도 갯벌

돈대가 있지만 그래도 마음이 놓이지 않아 숙종 때 쌓기 시작해서 영조 때까지 흙으로 쌓았지. 하지만 물에 무너지자 다시 벽돌로 쌓았고 또 돌로 고쳐 쌓았어.

왜 동쪽만 쌓았느냐고?

동쪽에도 갯벌이 있었지만 특히 서쪽은 점토성이 강한 갯벌이 있어서 굳이 성을 쌓지 않아도 배나 사람이 상륙하기에 어려운 점이 있었다는구나.

또 서쪽은 외적의 침략 가능성이 희박해서 안 쌓은 것이라고 볼 수도 있겠지만, 그보다는 갯벌이 방어벽 구실을 해 준 셈이지.

강화도의 작은 섬 교동도

유배의 섬

자, 이제 강화도 본 섬에서 조금 떨어진 작은 섬인 교동도로 이동해 보자. 배를 타냐고? 아니, 강화 본도와 교동도를 잇는 교동대교가 2014년에 개통해서 배를 탈 필요가 없어.

그런데 이곳은 민간인 통제 구역으로 군인들로부터 검문을 2번이나 통과해야만 출입할 수 있어. 임시 출입증을 받았으니 교동도로 들어가 보자.

창밖으로 보이는 철조망이 무섭게 보인다고? 저 철조망을 넘어야 자유를 찾을 수 있겠지. 모두 긴장들 풀고 풍요와 자유의 섬, 교동도를 본격적으로 여행해 보자.

우선, 왕족의 유배지로 눈물이 어려 있는 이 섬을 어루만져 보자.

귀양하면 먼저 제주도를 떠올리게 되지만, 한양에서 가까운 교동도도 많은 왕족의 유배지가 되었단다. 왜냐하면 가까이 두면서 감시하기가 편했기 때문이지.

고려 때 최충헌에게 쫓겨난 희종이 교동도로 유배되었지.

또 공민왕이 죽고 그의 아들 우왕이 보위에 올랐으나 이성계에 의해 폐위되어 강화도로 유배되었다가 강릉으로 옮겨져 죽었지.

그다음으로 그의 아들 창왕이 보위에 올랐는데 그도 강화도에 유배되어 공양왕 즉위 후 죽임을 당했지.

조선 시대 때는 세조가 된 수양대군과 대립했던 안평대군이 유배되어 강화에서 사사되며 모든 가족이 노비가 되었어. 선조의 아들 임해군, 능창대군도 광해군이 강화도로 유배시켰지.

하지만 나중에 중종반정으로 광해군도 강화도에 유

▲ 연산군 적거지

배되는 신세가 되지. 광해군은 강화도에서 다시 교동도로 옮겨졌다가 제주도에서 생을 마쳤어.

이곳 '연산군 유배지'에 재현한 연산군의 유배 행렬 모습은 그가 몹시도 몹쓸 왕이었다 하더라도 좀 측은지심이 드는구나. 폐위된 연산군은 교동도에 유배된 지 두 달 만에 생을 마쳤어. 또 철종도 알고 보면 강화에 유배 온 죄인이었지.

이처럼 강화도라는 유배의 섬 안에 또 다른 작은 유배의 섬, 교동도는 슬픈 운명의 역사 한 자락을 갖고 있는 거지.

실향민의 섬

교동은 북한 지역의 마을이 눈에 보이는 섬이야. 북한의 황해도와 직선거리로 겨우 2.5km 떨어진 곳이니 정말 가까운 거리지.

그래서 교동은 강화도 본도보다도 황해도 연백과 더 가까운 교류를 맺어 왔어. 다리가 없을 당시 강화도를 가려면 배를 타고 나가야 하지만 물이 빠지는 썰물 때 연백을 가기가 더 쉬웠기 때문이지.

배를 타고 10분, 썰물 때는 헤엄쳐서 건널 정도라니 정말 북한과 가깝게 있다는 생각이 드는구나. 그러다 보니 황해도 연백군의 문화가 깃들어 있다고 볼 수 있지.

특히 6·25 전쟁 당시 북한군을 피해 많은 사람이 교동으로 피난을 왔어. 이 피난민들이 실향민이 된 거야.

전쟁이 끝나면 바로 고향으로 돌아가려고 했는데, 벌써 70년 가까이 지났으니. 당시 스무 살이었던 사람은 지금 구십 살 고령의 어르신이 되었고, 그 사이 하늘나라로 떠나신 분들도 많이 계시지.

아직도 고향에 돌아갈 날은 아득하기만 하니 실향민들의 절절한 슬픔을 우리는 헤아리기조차 어려울 것 같네.

황해도 출신의 실향민들이 모여 살면서 골목시장인 대룡시장이 생겨났어.

그전에는 시장이 없었냐고? 없었다는구나. 왜냐하면 아까 말했듯이 황해도 연백시장을 드나드는 것이 더 좋고 편리했으니까.

지금으로부터 60여 년 전 생겨난 이 시장은 멈춰진 시계처럼 하나도 발전하지 않은 채 그대로 있어. 아마 민간인 통제 지역으로 발전이 더디게 되었고, 그러다 보니 오늘날의 모습이 아닐까 싶네.

그래도 교동에서 제일 번화한 곳이라고 할 수 있지.

대부분 6·25 전쟁 이후 지어진 건물들로 이발관, 시계방,

약방, 신발 가게 등 시장 골목 풍경이 참 생소하지? 지금은 찾아보기 어려운 가게들이고, 들어 보지도 못했던 가게 이름들일 거야.

하지만 나이를 먹은 분들은 이곳의 모습에서 친근함과 정겨움을 느끼며 예전의 추억에 잠길 수 있다고 해. 그래서 많은 사람이 찾아오는 거 아닐까?

예전 6·25 전쟁 직후 우리나라의 모습이 이랬어. 지금은 선진국으로 세계의 여러 나라와 어깨를 나란히 하고 있지만 그때는 모두 가난하고 못 살았거든.

오늘따라 저 멀리 쇠기러기들의 나는 모습이 참 부럽구나!

새들은 저렇게 자유롭게 남북을 넘나드는데, 실향민들은 가고 싶어도 갈 수 없으니까 말이야.

화개산 꼭대기에 오르면 북녘땅이 한눈에 보인다고 하니 우리 한번 올라가 보자.

산길 옆 연산군 유배지를 지나 조금 더 오르면 화개산 정상이야. 여기서 북녘땅을 바라보며 마음속으로 평화통일을 염원하는 기도도 하고, 고려 때의 목은 이색 선생이 공부했다는 화개사에서 숨도 한번 고르자.

풍요의 섬

교동도는 원래 세 개의 섬이 간척 공사로 한 개의 섬이 된 거야.

고려 시대 도읍인 개성과 조선 시대 도읍인 한양과 가까운 이곳 교동은 경제적·군사적으로 중요한 위치였지.

고려 시대에 설립한 우리나라 최초의 향교와 화개산의 화개산성, 조선 시대의 교동읍성 등은 지금도 역사적으로 중요한 유적이 되고 있단다.

남산포는 경기도, 황해도, 충청도 3도의 수군을 총괄하는 삼도수군통어영(三道水軍統禦營)이 있던 자리라 하니 교동의 역사적 의미가 대단하네.

그런데 그렇게 중요한 유적이 잘 보존되어 있지 않아 정말 안타깝다. 단지 지금 남아 있는 것은 삼도수군통어영 계류석뿐이구나.

교동은 섬이라기보다는 넓은 평야가 펼쳐진 곡창 지대야. 땅이 기름지고 각종 농산물이 많이 수확되며 품질도 매우 좋아서 교동의 농산물은 강화도 사람들에게도 인기가 많지.

'교동에 풍년이 들면 교동 사람들은 13년을 먹고, 강화도 전체 사람들은 3년을 먹고도 남는다.'라는 말이 있을 정도라니, 이는 교동 평야가 정말로 풍요로운 곡창 지대라는 걸 뜻하는 거지.

이건 수리 시설이 잘 되어 농사를 잘 지을 수 있다는 얘기이기도 해.

교동에는 홍수 때 물을 잘 저장했다가 가물 때나 모내기를 할 때 두레로 물을 퍼서 농사를 지을 수 있는 물 저장고가 있었대. '물광'이라고 하는 작은 저수지 같은 건데, 지금은 없어졌지만 예전에는 많이 있었다는구나.

교동향교는 고려 인종 5년에 세워진 우리나라에서 가장 오래된 향교라고 전해지고 있어.

향교는 지방의 유학 교육을 목적으로 만들어진 곳인 줄

▼ 교동향교

▲ 교동향교 홍살문

알고 있지? 그런데 우리나라 최초의 향교가 세워진 곳이 개경도 아니고 한양도 아닌 이곳 교동이라니 믿기지 않는다.

조선 시대에는 유학을 숭상했는데, 이곳 향교는 이미 고려 때부터 세워졌다고 하니 교동향교에서 공부 좀 해야겠네.

그럼, 화개산 자락에 자리 잡고 있는 교동향교로 들어가 보자.

입구에 홍살문과 하마비가 있네. 홍살문은 신성한 지역임을 표시하는 거고, 하마비는 그 앞을 지날 때에는 신분의 높고 낮음을 막론하고 누구나 타고 가던 말에서 내리라는 뜻을 새긴 비석이야.

1286년 고려 충렬왕 12년에 유학자 안향 선생이 원에 사신으로 갔다가 공자의 초상화를 가지고 고려에 당도했는데 첫 번째로 배를 댄 곳이 교동도라 여기에 모시게 된 거라고 전해지고 있어. 창건 당시 화개산 북쪽에 있던 것을 조선 중기에 현재의 위치로 옮겼는데, 원래 있던 그 동네를 아직도 향교골이라 부르고 있다는구나.

향교 안에는 유생들이 배움을 익히고 닦았던 명륜당이 있고, 공자에게 제사를 드리는 대성전과 우리나라 18현의 위패를 모시고 있는 동·서무, 유생들이 기거하던 동·서재 등이 있단다.

우리나라 18현의 위패 중 네가 역사책에서 들었거나 알고 있는 분은 몇 분이나 되는지 헤아려 볼래?

최치원, 설총, 안향, 정몽주, 김굉필, 정여창, 이언적, 조광조, 이황, 김인후, 성혼, 이이, 김장생, 조헌, 김집, 송준길, 송시열, 박세채.

이제 교동읍성을 둘러보기 전에 안내문을 읽어 보자.

• 교동읍성 (인천광역시 기념물 제23호)
  - 소재지 : 인천광역시 강화군 교동면 읍내리 577 일원
  - 조선 인조 7년(1629년)에 교동에 경기수영을 설치할 때 돌로 쌓은 읍성이다. 둘레 430m, 높이 6m 규모로 세 개의 문을 내고 문루를 세웠는데 동문은 통삼루, 남문은 유량루, 북문은 공북루라 하였다. 영조 29년(1753년)에 여장을 고쳐 쌓았고, 고종 21년(1884년)에는 남문을 다시 고쳤다. 동

문과 북문이 언제 없어졌는지 알 수 없으며 남문은 1921년 폭풍우로 무너져 홍예문만 남았다.

강화읍성을 보다가 교동읍성을 보니 너무 보존이 안 돼 있는 것 같아 씁쓸하다.

본래 읍성이란 주민을 보호하고, 군사적·행정적인 기능을 함께 하는 성을 말하는데, 비록 지금의 모습은 거의 무너져 보잘것없어도 아주 오래전 교동도 전체를 둘러싸 외부로부터의 침입을 막았으며 백성들과 함께 했으리라 생각하자.

조선 시대 후기에는 이 성 안에 삼도수군통어영의 본진이 주둔했다고 하니 해안의 방어는 틀림없었겠지.

남문 앞에 있는 돌거북 좀 보렴. 이 돌거북이 웃으며 우리를 맞는 것 같구나. 조금은 투박하고 얼굴에는 약간의 해학적인 모습도 있어 소박한 느낌이 든다.

거북의 등 위에 비좌가 만들어져 있는 것을 보니 이 위에 뭐라고 썼던 비석이 있었을 것 같네. 뭐라고 씌어 있었을지 궁금하군.

이렇게 둘러보니 교동도는 정말 많은 걸 품고 있는 섬이구나! 이제 교동대교로 인해 섬 아닌 섬이 된 만큼 앞으로 역사와 문화가 더욱 찬란해질 교동을 기대해 보자.

에필로그

강화도 여행은 우선 여기까지만 하자.

정말 지붕 없는 박물관이라는 얘기가 실감 나지?

강화도는 선사 시대부터 근·현대사에 이르기까지 우리 한반도의 역사를 다 품고 있는 것 같구나.

특히 대몽항쟁기 고려 왕조의 도읍지로서 남한에서는 고려 왕조의 숨결이 가장 깊이 남아 있는 곳이라고 할 수 있지. 통일 전까지 우리는 고려의 유적을 보기가 쉽지 않으니까 더 의미가 있단다. 또 조선 시대에는 국가 수호를 위해 최후까지 지켜 낸 자랑스러운 곳이기도 하지.

그리고 그 후, 조선이 어떻게 되었는지 궁금하지 않니?

구식 군인들의 반란인 임오군란이 일어나면서 피신했던 명성 황후가 청나라를 불러들이는 바람에 청나라의 군대가 흥

선대원군을 자기 나라로 납치해 가고, 조선에 간섭을 시작하게 된단다.

빠른 개화를 원했던 사람들을 급진 개화파라 하는데 박영효, 서광범, 서재필, 김옥균 등은 청나라를 몰아내고 새로운 조선을 만들고자 정변을 일으키는데 그게 1884년 '갑신정변'이야. 도와준다던 일본은 줄행랑을 치고, 결국 청나라 군대의 반격을 받게 되고 갑신정변은 3일 만에 실패로 끝나지.

여러 정변과 농민 운동이 일어나자 나라의 질서가 많이 흔들렸어. 그래서 조선은 사회의 혼란을 막으려고 정치, 경제, 사회 등 나라의 낡은 제도들을 바꾸고 새로운 개혁을 추진하게 된단다.

1894년 '갑오개혁'으로 이제 조선이 바로 설 것 같았지. 그런데 힘이 없으니까 자꾸 외세를 의지하려는 고질적인 병이 남아 있었어. 청일 전쟁에서 이긴 일본의 간섭이 커지자, 또 러시아의 힘을 빌려 이를 막으려고 한 거지.

이에 가만히 있을 일본이 아니지. 일본은 경복궁에 침입하여 명성 황후를 시해하는 만행을 저질렀단다. 이게 바로 1895년에 일어난 '을미사변'이야.

고종은 1897년에 환구단에서 황제 즉위식을 하고 나라 이름을 대한제국으로 바꾸었지. 대한제국의 수립으로 황제의 권한이 크게 강화되고 근대 문물이 더 많이 들어오며 사회 변화가 빠르게 진행되었어.

그런데 러일 전쟁에서 일본이 이기자 일본은 우리나라를 본격적으로 침략하기 시작했어.

그중 대표적인 것이 1905년 '을사조약(을사늑약)'을 체결한 일이야. 그로 인해 대한제국의 외교권을 빼앗고, 통감부를

설치하여 대한제국의 내정을 장악하기 시작했단다.

고종 황제를 강제로 퇴위시키고 대한제국의 군대까지 해산시켰으니 이미 일본의 식민지가 되고 만 것이지.

결국, 일제의 총칼 앞에서 1910년 8월 29일 '경술국치'의 국권을 상실하는 조약을 강제로 체결하게 된단다.

이후 대한제국은 독립운동과 대한민국 임시정부 수립 등을 통해 빼앗긴 나라를 되찾으려고 노력하지.

1945년 광복 후 6·25 전쟁의 시련도 극복하고 산업화와 민주화를 이루며 지금의 대한민국을 이룩해 낸 거야.

우리나라의 자랑스러운 역사와 문화를 이어 나가며 세계 속에 한국이 더욱 빛날 수 있도록 우리 함께 노력해 보자.

동화엄마 권효순

참고문헌

- 강화군청 : www.ganghwa.go.kr
- 강화문화원 : www.ganghwacc.org
- 인천광역시청 : www.incheon.go.kr
- 한국민족문화대백과사전 : encykorea.aks.ac.kr
- 한국학중앙연구원 : www.aks.ac.kr

- 강화해양관방유적의 세계유산적 가치와 보존 방안, 강화해양관방유적 학술총서 제1집 (2016). 강화고려역사재단.
- 강화 해양관방유적의 가치와 유네스코 세계유산 등재 방안, 강화역사유산의 유네스코 세계유산 등재 추진을 위한 제2차 학술회의 (2015). 강화고려역사재단.
- 강화역사 아카데미 (2015). 강화고려역사재단.
- 강화해양관방유적과 국내 유사유적 비교 (2016). 강화고려역사재단.
- 강화고려역사재단 소식지 제3호~제13호 (2014~2017). 강화고려역사재단.
- 강화 소식지 제63호~제76호 (2014~2017). 강화군청.
- 강화 옛 지도 (2008). 강화군청.
- 5000년의 역사·문화가 살아 숨 쉬는 강화 (2015). 강화군청.

- 초등학교 사회 교과서 5-2. 교육부.
- 초등학교 사회 교과서 6-1. 교육부.
- 한끝 중학 역사 1-1 (2016). 비상교육.

• 김경준 (2001). 강화도 역사산책. 신대종.
• 김경준 (2006). 철종 이야기. 아이올리브.
• 김부식 지음 · 김영진 편역 (2011). 청소년 삼국사기. 매월당.
• 김상훈 (2013). 꼬리에 꼬리를 무는 한국사 인물 이야기. 탐.
• 김정현 외 (2014). 개념총정리 한국사능력검정시험 고급. 메가북스.
• 백유선 외 (2013). 청소년을 위한 한국사. 휴머니스트.
• 박정근 (2012). 역사가 좋아지는 한국사 이야기–선사 · 고대편. 다른세상.
• 박기복 (2015). 십대를 위한 유쾌한 한국사 콘서트. 행복한 나무.
• 박은화 (2014). 재밌어서 밤새 읽는 한국사이야기–선사~삼국시대. 더숲.
• 송호근 (2017). 강화도–심행일기. 나남.
• 신병주 (2007). 조선왕조 의궤. 주니어 김영사.
• 신병주 (2009). 조선을 움직인 사건들. 새문사.
• 신채호 지음 · 이성길 편역 (2010). 청소년을 위한 조선 상고사. 북북서.
• 원유상 (2013). 학교에서 가르쳐주지 못한 우리 역사. 좋은날들.
• 유지현 (2009). 조선왕실의 보물 의궤. 토토북.
• 이경수 (2014). 숙종, 강화를 품다. 역사공간.
• 이경수 (2016). 강화도사. 역사공간.
• 이경수 (2002). 역사의 섬 강화도. 신서원.
• 이형구 (1996). 강화도. 대원사.
• 일연 지음 · 고은수 편역 (2016). 삼국유사–우리 역사로 되살아난 신화와 전설. 풀빛.
• 일연 지음 · 임명현 편역 (2014). 청소년을 위한 삼국유사. 돋을새김.
• 정영애 (1997). 단숨에 읽는 고려 왕조. 넥서스.
• 최태성 (2012). EBS 한국사 능력 검정시험 중급. 한국교육방송공사.

• 이 책의 모든 사진은 강화군청이 제공하였습니다.

엄마와 함께하는 역사 탐방

가자! 보물섬으로 강화도

초판 1쇄 인쇄 2018년 5월 8일
초판 1쇄 발행 2018년 5월 11일

지 은 이 | 권효순
펴 낸 이 | 김기섭
편 집 인 | 이윤희
펴 낸 곳 | 창지사 www.changjisa.com
08589 서울시 금천구 가산디지털 1로 83 파트너스타워 1차 9층
전화 (02)719-2211~3
팩스 (02)701-9386
등 록 | 1977년 4월 28일 · 제1-421호

ISBN 978-89-426-1129-4 (03370)

값 14,000원

이 도서의 국립중앙도서관 출판예정도서목록(CIP)은 서지정보유통지원시스템 홈페이지(http://seoji.nl.go.kr)와 국가자료공동목록시스템(http://www.nl.go.kr/kolisnet)에서 이용하실 수 있습니다.(CIP제어번호: CIP2018014058)